W0094934

Wahre Geschichten

aus dem

Erzgebirge

TAUCHAER VERLAG

WAHRE GESCHICHTEN NR. 57

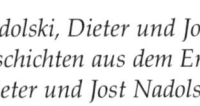

Nadolski, Dieter und Jost:
Wahre Geschichten aus dem Erzgebirge./
Dieter und Jost Nadolski
2. Aufl.-[Taucha]: Tauchaer Verlag, 2013
ISBN 978-3-89772-151-7

© by Tauchaer Verlag
Satz: Tauchaer Verlag
Herstellung: Neumann & Nürnberger Leipzig GmbH
Druck und Verarbeitung:
Westermann Druck Zwickau
Printed in Germany
ISBN 978-3-89772-151-7

Inhalt

»Die Verhältnisse«

Anton Günther

1876 in Gottesgab geboren
1937 in Gottesgab gestorben

Wer mit offenen Augen durch Dörfer und Städte des Erzgebirges pilgert, wird häufig auf Straßennamen treffen, die – oft schon seit Jahrzehnten – den Namen Anton Günther tragen. Damit ehrt man einen Mann, den fast Jeder in der Region kennt.

1995 erhielt die Würdigung des hoch geschätzten Musikers und Dichters einen weiteren Auftrieb: Am 16. September weihte der rührige Erzgebirgsverein einen grenzüberschreitenden Rundwanderpfad ein, der auf den Namen »Anton-Günther-Weg« getauft wurde. Als erste grenzüberschreitende Route in den neuen Bundesländern überhaupt, verläuft der Weg zwischen dem Freistaat Sachsen und der Tschechischen Republik auf einer Länge von circa 65 km in der Kammregion des oberen Westerzgebirges. Etwa 35 Kilometer ist man auf der sächsischen Seite und rund 30 Kilometer auf der tschechischen unterwegs, zwei Tage mindestens!

Die beiden höchsten Erhebungen des Erzgebirges werden tangiert, und zwar der 1.215 Meter hohe Fichtelberg und der Keilberg (Klinovec), der noch etwa 30 Meter höher ist; der tiefste Punkt im Grenzwinkel von Rittersgrün liegt übrigens immer noch 600 Meter über dem Meeresspiegel. Die Wirkungsstätten Anton Günthers werden nicht nur miteinander verbunden, sondern manches Schild am Wegesrand erinnert respektvoll an den Erzgebirgler.

Anton Günther.

Nicht allein Reminiszenz, sondern literarische Ehrerbietung hat Anton Günther unter anderem in einem Buch von Irene und Gunter Hempel erfahren (s. Quellenverzeichnis). Die Autoren reihen ihn bewusst in die Garde der berühmten Musiker Sachsens ein und berichten freilich auch von seinem kläglichen Ende. Mit Zustimmung der Verfasser geben wir im Folgenden die entsprechenden Passagen wieder.

Anton Günther, der beliebte erzgebirgische Volkssänger, der Dichter und Komponist von »O Arzgebirg, wie bist du schie«, von »Wu de Wälder haamlich rauschen«, von »'s is Feierobnd« – eine tragische Figur? Man möchte es fast nicht glauben. Ein Mensch, zu dem man auf den Kamm des Erzgebirges wallfahrte, der von allen Seiten Einladungen erhielt, seine Lieder vorzutragen, der setzte seinem Leben selbst ein Ende. Wer das mit 61 Jahren ohne äußeren Anlass, einer Krankheit oder Armut, tut, der kann als tragische Figur gelten. »Die Verhältnisse« seien es, denen er »nicht mehr standhalten« könne, liest man in einem Abschiedsbrief an Frau und Kinder.

Wer war dieser Anton Günther? Am 5. Juni 1876 wird er in Bozi Dar, zu Deutsch Gottesgab, einem Dorf auf dem Kamm des Erzgebirges, aber im Böhmischen, das heißt in der k. & k. Österreichischen Monarchie geboren. Der ganze Landstrich war deutsch besiedelt, man sprach deutsch und empfand deutsch. Der Junge wächst in ärmlichen Verhältnissen auf, immerhin kann er die Bürgerschule in Jachymow (Joachimsthal) besuchen. Gern wäre er Förster geworden, die Arbeit in der Natur gefiel ihm, aber zu dieser Ausbildung fehlte das Geld. Stattdessen macht er eine Lehre als Lithograph in Buchholz.

Um seine Familie unterstützen zu können, geht er 1895 als Neunzehnjähriger nach Prag. Dort verdient er ganz anständig, aber wohl fühlt er sich nicht, fasst auch nicht Fuß in der Fremde. Er kann die Sprache nicht, will sie auch nicht lernen. Lediglich mit einem Häuflein von Landsleuten trifft er sich regelmäßig. Jedoch, das Heimweh wird übermächtig. »Da summte mir eine Melodie durchs Gemüt, meine Gedanken waren im Elternhäusel daheim, und ein Lied war fertig. Ich brachte es zu Papier. Es war mein erstes Lied: Drham is drham.« Der erzgebirgische Liedersänger und -komponist Anton Günther war geboren.

Vorderseite einer Liedpostkarte von Anton Günther.

Von da an dichtet und komponiert Anton Günther unermüdlich. 1903 entsteht das Lied vom »Feierobnd«, 1905 »Wu de Walder haamlich rauschen«. Zuerst veröffentlicht er Lieder auf speziellen Postkarten mit selbst geschaffenen Lithographien, die er und seine Familienmitglieder, vor allem Bruder Julius, auf Fahrten durchs sächsische Erzgebirge verkaufen. Um 1909 versucht er im Eigenverlag Ausgaben für Gesang und Klavier zu vertreiben. Das ging nicht so gut. Aber ab 1917 ergibt sich eine Zusammenarbeit mit dem Musikverlag Friedrich Hofmeister in Leipzig. Er kann seinem Verleger schon 73 Lieder anbieten. Dadurch geht es ihm und der Familie besser, wenngleich ihn das nicht vom Militärdienst im 1. Weltkrieg befreit. Verwundet wird er, aber er übersteht den Krieg, Bruder Julius fällt noch 1918.

Dass er durch den verlorenen Weltkrieg und die Auflösung des österreichischen Vielvölkerstaates plötzlich tschechischer Staatsbürger wird, kann er nicht verstehen und akzeptieren, er ist doch Deutscher. Hat er nicht schon 1906 dem sächsischen König und seiner Familie im Fichtelberghaus seine Lieder vorgetragen und daraufhin von Friedrich August einen Orden verliehen bekommen? Jetzt wohnt er in einer richtigen Grenzregion, obgleich die »Sachsengängerei« zunächst noch geduldet wird. Er wird immer bekannter. Sein Wohnhaus in Bozi Dar gerät zur Pilgerstätte, Schulklassen kommen herauf, singen seine Lieder oder lassen sie sich von ihm vorsingen.

Höhepunkt der Popularität ist sein 60. Geburtstag am 5. Juni 1936, wieder kommen Schulklassen, Chöre und Lehrerschaften, der Erzgebirgsverein verleiht einen Ehrenring, der sächsische Heimatschutzbund ernennt ihn zum Ehrenmitglied, ein Gedenkstein wird gesetzt, eine Straße nach ihm benannt.

Ist er noch der einfache Heimatdichter? Kommt er mit dieser Anerkennung zurecht? Zumal die Nazis sich seiner und seiner Heimatdichtungen bedienen. Seine Texte beziehen sich auf die Heimat, das Vaterhaus, den Wald, die Jahreszeiten, die Natur. Aber alles bleibt abstrakt und auch unverbindlich. Arbeit und Beruf kommen bei ihm nicht vor. Um ihn herum Streit und Getöse, das er nicht deuten kann. Zollbestimmungen engen ihn finanziell ein. Merkt er, dass seine Texte zu naiv sind und nicht mehr in die Zeit passen? Strömen ihm die Einfälle zu neuen Liedern nicht mehr so zu, obwohl alle von ihm ständig Neues verlangen? Es ist viel gerätselt worden über die Hintergründe seines Selbstmordes, auch politische Motive hat man vermutet in der Zeit des heraufziehenden Faschismus in der Tschechoslowakei. Das Geheimnis hat er mit ins Grab genommen.

Bleiben werden von Anton Günther Melodien und Texte, die das Erzgebirge und die Heimatverbundenheit seiner Menschen in aller Welt bekannt machen und repräsentieren. Und mancher vergisst beim Gesang seiner volkstümlichen Lieder die Tragödie des Anton Günther.

Soweit die Ausführungen von Irene und Gunter Hempel. Wer heutzutage im Internet nach dem Namen Anton Günther und damit verbundene Informationen suchen lässt, findet weit über tausend Einträge. Ob der sympathische Erzgebirgler wohl den »Verhältnissen« standgehalten hätte, wenn er ahnen konnte, welche Aufmerksamkeit und Hochachtung ihm die Nachwelt entgegenbringt?

Stationen eines erfolgreichen Lebens

Adam Ries

1492 in Staffelstein geboren
1559 in Annaberg gestorben

Auch wenn Adam Ries in Franken geboren wurde, ist er doch als Erzgebirgler bekannt und berühmt geworden. Ausgestattet mit einer sehr guten Auffassungsgabe erlernte er bereits als Kind neben Latein die Mathematik. Als junger Mann wanderte er von Stadt zu Stadt, um mit dem Lösen (scheinbar) schwieriger Aufgaben auf den Marktplätzen etwas für seinen Lebensunterhalt zu verdienen. Dabei gelangte er auch nach Sachsen, speziell nach Zwickau, aber auch in Annaberg machte er schon kurz Station.

1518 ging er nach Erfurt, um sich dort anzusiedeln. Zunächst kam er bei Dr. Stortz in der Engelsburg unter. In dessen Bibliothek konnte er verschiedene Rechenbücher studieren und beurteilen. Leider waren alle ziemlich ungeordnet und unvollständig. Sein Gönner Dr. Stortz riet ihm daher, seine mittlerweile gesammelten mathematischen Kenntnisse in einem eigenen Buch zu veröffentlichen und eventuell auch eine eigene Schule zu eröffnen. Allerdings sollte seiner Schule weniger Erfolg beschieden sein als seinen Rechenbüchern. Von denen konnte er immerhin zwei veröffentlichen und in größerer Stückzahl verkaufen. Durch den Niedergang Erfurts als Handelsstadt ließ das Interesse an seiner Rechenschule aber allmählich nach, so dass er sie letztlich aufgeben musste.

Auf Empfehlung einflussreicher Männer schlug Ries den Weg nach Annaberg ein. »Ein Mann mit deinen mathematischen Fähigkeiten wird dort jederzeit benötigt«, hatte ihm ein Freund mit Blick auf den Silberbergbau geraten.

Adam Ries.

Dass Leben hat es immer gut mit ihm gemeint. Er erhielt sogleich eine Wohnung in Annaberg und

13

eine, wenngleich gering entlohnte, Arbeit. Als Buchhalter des Annaberger Bergamtes musste er zwar viel herumreisen, lernte dadurch aber auch das Erzgebirge mit den Bergleuten und Grubenbesitzern kennen. Dadurch gewann er auch Einblicke in die Probleme, welche sich aufgrund der schwindenden Erträge der Gruben nach und nach einstellten.

Durch den Verkauf seiner Rechenbücher und die gute Arbeit, die er verrichtete, wurden bald die Honoratioren der Stadt auf den jungen begabten Mann aufmerksam und entschieden, dass man ihm auch verantwortungsvollere Aufgaben anvertrauen könne. Neben dem Unterricht, den er mittlerweile für einige Bürgerkinder in seinem Privatzimmer hielt, wurde er zum »Rezessschreiber« ernannt. Dahinter verbirgt sich eine Art buchhalterischer Tätigkeit, in deren Mittelpunkt die Einnahmen und Ausgaben der Erzgruben standen.

Nach wiederum nur kurzer Bewährungszeit berief man Adam Ries wegen seiner mathematischen Kenntnisse und dem daraus resultierenden fehlerlosen, sauberen Arbeiten zum Gegenschreiber und bald darauf sogar zum Bergzehntner. Das ist ein Beamter, der den Bergzehnten, also eine Steuer für den Landesherrn, einzunehmen hat. Dadurch konnte er sich ein gutes regelmäßiges Einkommen sichern und an eine Heirat denken und eine Familie gründen. Ries kaufte ein Haus von seinem Schwager und richtete sich dort zunächst einen Raum für seine Schüler ein. Auch aufgrund seiner Bekanntheit in Annaberg als anerkannter Bürger gelang das Vorhaben, hier nun eine Rechenschule zu führen. Er hatte gut zu tun, um allen Schülern »seine« Mathematik zu erläutern. Dennoch fand er bei all der vielfältigen Arbeit sogar noch die Zeit, eine weitere Rechenart zu entwickeln und zu verfeinern.

Moritz von Sachsen.

Adam Ries wurde aber auch bei schwierigen Problemen hinzugezogen. Er entwickelte zum

Beispiel eine Brotordnung, aus der sich das Gewicht und der Preis in Relation zum Mehlpreis einfach ablesen ließen.

Einen weiteren Schritt in der Karriereleiter des berühmten Erzgebirglers bedeutete die Ernennung zum »Sächsischen Hof-Arithmeticus« durch Herzog Moritz. Er verdiente sich damit ein weiteres Zubrot, musste sich allerdings auch dann und wann in Dresden einfinden, um mit seinen Kenntnissen zu brillieren. Das kam ihm bald zugute:

Nachdem Herzog Moritz 1547 die Kurwürde erlangt hatte, befand er, dass Sachsen in neue Kreise zu unterteilen sei. Dafür benötigte man jedoch zuverlässige und intelligente Leute. Er dachte sofort an den »Hof-Arithmeticus« Adam Ries. Dieser schien ihm geeignet, die Grenzen des neuen Erzgebirgischen Kreises auszumessen. Er schickte sofort Boten nach Annaberg, um Adam Ries in die Residenz zu holen. Welch eine Überraschung und große Freude war es für Adam Ries, vom Kurfürsten persönlich für würdig befunden und zum »Hof-Geometra« ernannt zu werden.

Die Bewältigung der gestellten Aufgabe stellte sich als schwieriges Unterfangen heraus. Nach Ablauf mehrerer Monate aber hatte es Adam Ries mit den ihm untergebenen Gehilfen geschafft. Der Erzgebirgische Kreis war vermessen und die Grenzlinien gezogen.

Sein privates Glück fand Adam Ries schon, nachdem er erst kurze Zeit in Annaberg angestellt war. Erst als er über ein besseres Grundeinkommen verfügte und sich mit seinen Büchern und dem Unterrichten ein nicht geringes Zubrot verdiente, konnte er endlich – wie schon erwähnt – seiner geliebten Anna Leuber einen Antrag machen, sie heiraten und eine Familie gründen. Nach der Geburt von fünf Söhnen und einer Tochter wurde es ziemlich eng im Hause Ries, zumal der Meister immer noch die Rechenschule im Arbeitszimmer betrieb. Nachdem er jedoch zum »Sächsischen Hof-Arithmeticus« berufen worden war, hatte sich seine finanzielle Situation soweit gebessert, dass dem Kauf eines neuen Hauses nichts im Wege stand. Von seiner Schwägerin Anne erwarb er das ehemalige Vorwerk. Hier, in der so genannten Riesenburg, wurde ihm eine weitere Tochter geboren. Etwa in jene Zeit fällt auch der Kontakt mit der noch sehr jungen Barbara Uthmann, von der wir weiter unten erzählen. Im Kreis seiner großen Familie und zahlreicher Freunde verbrachte der Rechenmeister bis zu seinem Lebensende 1559 glückliche Jahre.

In dem sehenswerten Annaberger Museum bekommt man ein umfangreiches Bild von dem Leben des Rechenkünstlers vermittelt. Hier kann man mit Hilfe des »Abakus« (ein mechanisches Rechenhilfsmittel oder auch Rechenbrett) das Rechnen der Ries-Zeit erleben und ausprobieren. Es sind auch Originalausgaben der Werke von Adam Ries einsehbar, so zum Beispiel eine Abschrift der Annaberger Brotordnung. Als besonderen Höhepunkt können Schulklassen in der Ausstellung eine Unterrichtsstunde buchen.

Ein Raubritterprozess
in der Burg zu Schlettau

Einem uralten Handelsweg zwischen Böhmen und Sachsen ist es wohl zu verdanken, dass vor mehr als tausend Jahren die Gründung der Burg Schlettau erfolgte. Die Slawen nannten ihr Bauwerk »Slatina«, woraus sich im Lauf der Zeit »Schlettau« entwickelte. Günther von Crimmitschau, seit dem 13. Jahrhundert Besitzer der Burg, bereicherte gemeinsam mit dem Grünhainer Abt Dietrich die Burg mit einem kleinen Kloster – nach vorübergehenden Besitz seitens der Adelsfamilie Schönburg-Glaucha wurde die Anlage im 15. Jahrhundert Eigentum des Klosters Grünhain. Ernestiner, dann Albertiner lösten in der Folge die Besitzer ab, bevor 1797 das sich inzwischen zum Schloss weiter entwickelte Bauwerk einen bürgerlichen Herrn erhielt und daraus sogar ein Maschinenbaubetrieb entstand. Im 20. Jahrhundert übernahm die Stadt Schlettau das Anwesen und richtete ein Museum ein. Heute kümmert sich ein rühriger Förderverein um die Neugestaltung des attraktiven Bauwerks. Einstmals war die Burg Schauplatz eines Gerichtsprozesses mit überraschendem Ausgang. Vom 13. bis weit in das 15. Jahrhundert hinein gehörten Raubritter und ihre Freveltaten auch im Erzgebirge zum Alltag. Aus Dörfern und Städten schleppten sie weg, was irgendwie von Nutzen war, um dann häufig genug die Hütten und Häuser in Brand zu setzen. Mit der Entdeckung von Silbervorkommen im Erzgebirge und den sich daraufhin entwickelnden regen Silbertransporten verlagerte sich das blutige Geschehen von den Ansiedlungen auf die Handelsstraßen. Nunmehr wurden die Wagenkolonnen zum bevorzugten Ziel der »Krippensetzer« bzw. »Schnapphähne«, wie man die Raubritter im Volksmund nannte.

Das aus der Burg hervorgegangene Schloss Schlettau um 1883.

In der Gegend von Schlettau machte während des 15. Jahrhunderts insbesondere ein Haudegen namens Nickel Mönch große Sorgen. Im Sommer 1435 erreichten den Schlettauer Bürgermeister Wolf Bernd eine Fülle alarmierender Nachrichten. Nicht genug damit, dass der Raubritter Nickel Mönch in der Region den Bauern das Vieh von der Weide und aus den Ställen stahl, Nahrungsmittel und Futtervorräte raubte sowie den Leuten Geld und Gut abnahm. Nein, jetzt waren auch die Handelstransporte auf den Straßen nahe Schlettau nicht mehr vor ihm sicher. Während der vergangenen Monate hatten die Überfälle auf die Fuhrleute dermaßen zugenommen, dass sie – wenn irgend möglich – diesen Teil der sächsisch-böhmischen Handelsstraße umgehen wollten. Das wäre nachteilig für die Region, für einige, wie Gastwirte, Futterhändler oder Hufschmiede, vielleicht sogar existenzbedrohend, erkannte der weitsichtige Bürgermeister. Wenn es auch schwer zu sein schien, es musste dem Treiben des Nickel Mönch und seiner Gesellen Einhalt geboten werden. Ins Burgverlies gehört die Bande, am besten für immer. Aber wie ist das zu schaffen? Am besten wäre es, die Sache in aller Vertraulichkeit zunächst erst einmal mit dem Schlettauer Burghauptmann Hildebrand Trüzschler zu bereden.

Bürgermeister Bernd stiefelte hinüber zur Burg zu dem erfahrenen Militär. Trüzschler erwies sich als ein guter Ratgeber. Man müsse vor allem drei Dinge tun. Das einfachste wäre sicher, hinreichend viele Leute aufzutreiben und zu bewaffnen, um gegenüber Raubritter Nickel und seinen Spießgesellen die Übermacht zu haben. Das Zweite sei schon schwieriger, nämlich einen listenreichen Plan zu ersinnen. Der dritte Punkt schließlich wäre – man hat ja so seine Erfahrungen – der komplizierteste: Wie kann man verhindern, dass das Vorhaben nicht verraten wird?

Der Bürgermeister und der Burghauptmann redeten sich in den kühlen Räumen der alten Anlage die Köpfe heiß. Dann waren sie sich einig, die Angelegenheit in aller Heimlichkeit mit sieben weiteren ideenreichen Männern, auch solchen außerhalb Schlettaus, zu erörtern. Unter dem Siegel der Verschwiegenheit bat man in den Rittersaal der Burg: Aus Geyer die Herren Hans Froß, Enderlein Möller und Paul von der Eyben, aus Rückerswalde Peter Richter, aus Tannenberg Nickel Richter und Matthias Kluge sowie Heinrich Koppe. Die wackeren Männer hörten sich das Anliegen an. Eigentlich sei es ja wohl die Pflicht des Landsherrn, des Kurfürsten Friedrich II. (den Sanftmütigen), mit dem Gesindel aufzuräumen. Der könne doch seine Geharnischten einsetzen. Das wären ausgebildete Krieger, warum soll man die ungeübten eigenen Leute der Gefahr aussetzen!? Das sei schon richtig, entgegnete der Burghauptmann. Wenn er aber bedenke, wie lange der Kurfürst schon tatenlos dem räuberischen Treiben eines Ritters Dietrich von Vitzthum von der Burg Frauenstein zusehe, da sei er doch sehr skeptisch, von der Obrigkeit Hilfe erwarten zu können. Nein, es gilt der Satz: »Selbst ist der Mann«; also lasst uns einen entsprechenden Plan entwickeln!

Das, was sich die Runde der Neun dann erdachte, um sicher und möglichst verlustarm des Nickel

Mönchs und seiner Raubgesellen habhaft zu werden, sah folgendes vor:

Zunächst einmal sollte das Gerücht verbreitet werden, in Kürze würde eine Transportkolonne mit einer außerordentlich wertvollen Ladung über die böhmisch-sächsische Handelsstraße rollen. Vermutlich wären sehr viele Edelmetallbarren die Fracht. Die Ware sei für die Einlagerung im Kloster Grünhain vorgesehen. An einem der nächsten Tage, so der Plan, sollte dann tatsächlich ein Transport auf der üblichen Route über Schlettau stattfinden, allerdings nur mit Tand beladen. An einem Hohlweg hinter Schlettau wäre dann eine Verschnaufpause einzulegen; der Geleitschutz müsse sich schließlich verabredungsgemäß von dem Tross entfernen, um am Roten Bach die Pferde zu tränken. Wenn sich nunmehr die Raubritterschar auf die vermeintliche Beute stürze, dann schlage die Stunde der im Hinterhalt liegenden Handwerker und Bauern.

Prima ausgetüftelt, dachte sich der Bürgermeister Wolf Bernd, der überzeugt davon war, das Gerücht werde Nickel Mönch erreichen und der werde so reagieren, wie gewünscht. Ob freilich die Sache mit dem Hinterhalt nicht verraten würde, da hatte er so seine Zweifel…

Der entscheidende Tag war gekommen. Siebzig beherzte Bürger hielten sich im Schlettauer Stockholz verborgen. Gemäß der gestreuten Nachricht sollte spätnachmittags der aus dem Böhmischen kommende Transport Schlettau passieren und dann jenen Hohlweg erreichen, um den herum der Hinterhalt aufgebaut war. Schon bald nach der Mittagsstunde hatten sich die Männer auf die Lauer gelegt. Die Turmuhr schlug drei, dann vier und schließlich fünf. Nichts rührte sich; weder von der Wagenkolonne noch von den Raubrittern war die geringste Spur zu sehen. Nun war guter Rat teuer. Die Anführer grübelten, was da geschehen sein könnte, und vor allem aber, was im Augenblick zu tun sei. Endlich einigte man sich darauf, zwei kompetente Späher in aller Vorsicht nach Schlettau zu entsenden – vielleicht wusste man dort irgendetwas. Zwei aus der Neunergruppe wurden für die Mission erwählt, Hans Froß aus Geyer und Peter Richter aus Rückerswalde.

Raubritter Nickel Mönch.

Als Froß und Richter sich der Stadt näherten, hatten sie schon von der Ferne Grund zum Staunen. Merkwürdigerweise war das Stadttor verschlossen. Erst nach Nennung der vereinbarten Parole wurde es den Männern aus Geyer bzw. Rückerswalde geöffnet. Froß und Richter schritten Richtung Markt, von dem ihnen Jubelgeschrei entgegenklang. Auf dem Marktplatz angekommen, glaubten sie ihren Augen nicht trauen zu können: Der gefürchtete Raubritter Nickel Mönch stand wie ein Häufchen Elend gefesselt inmitten seiner Spießgesellen. Allesamt waren die Schnapphähne arg mit Schlamm verschmutzt und pitschenass. Froß und Richter konnten sich keinen Reim auf das Geschehen machen, bis ihnen der Bürgermeister die Geschichte erzählte:

Er sei wirklich höchst unsicher gewesen, ob Nickel Mönch nicht doch von dem Hinterhalt von einem der vielen dort postierten Männer erfahren würde. Also habe er einen zweiten Plan entwickelt der davon ausging, dass die Raubritter den Wagenzug auf keinen Fall durch die Stadt hindurch verfolgen würden. Mit sehr hoher Wahrscheinlichkeit bewegten sie sich wohl durch den trockenen Graben vor der Stadtmauer. Wenn dem tatsächlich so geschähe, dann könnte der Graben mittels der umliegenden Teiche ruck zuck geflutet werden. – So, wie es sich der Bürgermeister vorgestellt hatte, lief dann das Manöver ab. Schlagartig stürzten die Wassermassen in den Graben und trieben die Räuber samt Pferden mit unheimlicher Wucht grabenabwärts. Hier hatte der findige Wolf Bernd ein gewaltiges Netz aufspannen lassen, in dessen Maschen sich alles verfing, was zum Tross des Nickel Mönch gehörte.

Da stand er nun, der gefürchtete Krippensetzer, und versuchte, den Drohgebärden und Beschimpfungen der aufgebrachten, zugleich aber auch erfreuten Schlettauer Bürger zu trotzen. Mancher wird nicht abgeneigt gewesen sein, an Ort und

Stelle kurzen Prozess zu machen, also Nickel Mönch am nächsten Baum aufzuknüpfen. Der gewissenhafte Bürgermeister sorgte freilich dafür, dass Mönch nun möglichst rasch in den Kerker der Schlettauer Burg verbracht wurde, um ihm hier nach zügiger Vorbereitung nach Recht und Ordnung anzuklagen.

In jenem Burgsaal, in dem zuvor die Neunergruppe Pläne geschmiedet hatte, begann am 3. August 1435 der Gerichtsprozess. Das reichlich vertretene Publikum verfolgte mit gespannter Aufmerksamkeit die Verhandlung. Eine Menge Zeugen waren geladen, die dem vorsitzenden Richter und den zwölf Schöffen nachhaltig bestätigten, was jeder im Saal wusste – Nickel Mönch und seine Spießgesellen hatten Untaten auf Untaten angehäuft und die schlimmste Strafe verdient. Dass der Richter zum Ende der Verhandlung den Stab zumindest über Raubritter Mönch brechen würde, stand für die Schlettauer Bürger ziemlich fest. Doch merkwürdigerweise nahm der Prozess einen völlig anderen Verlauf als allgemein erwartet worden war. Insbesondere die Herren von Adel, die Noblen mit Rang und Namen, fanden – warum auch immer – in ihren Aussagen überraschenderweise versöhnliche Argumente für das Treiben der Bande. Man könne doch auch Gnade vor Recht ergehen lassen. Durch den Prozess sei der Raubritter sicher geläutert, und vielleicht genüge es nun, wenn man Nickel Mönch dazu bewege, die Urfehde zu schwören.

Unter der Urfehde verstand man das eidliche Versprechen, wegen einer erlittenen Verletzung, besonders wegen einer überstandenen Haft oder Folter, keine Vergeltung üben zu wollen. Oft war der Vorgang der Urfehde mit der Verweisung aus dem Land oder zumindest dem Ort des Vergehens verbunden. Trotz wachsenden Unmuts unter dem größten Teil des Publikums entschlossen sich die Schöffen und der Richter zu diesem unerwarteten, extrem milden Urteil. Am Ende der spektakulären Aktion entstand schließlich das folgende Dokument, das den Vorgang ein für alle mal abschloss: »Ich, Nickel Mönch, bekenne mich öffentlich in diesem offenem Briefe, vor allen denen, die ihn lesen, sehen oder hören, dass ich in der Slete gefangen gewesen bin und zu Gefängnis gebracht ward von etlichen von der Lößnitz wegen nemlich Niklas Glasberger und den Seinigen und Michel Weydenlich seines Sohnes und der Seinigen wegen heftiger etzlichermaßen (Fehde) die ich gegen keyn (ihn) hatte und besonders wegen Brüche (Einbrüche) damit ich wider sie getan habe. Darum standen sie nach meinem Leib und Leben und meinten, mir das mit Recht anzutun und mich also vom Leben zu bringen. Das dann von bederlen frommen Leuten unternommen ward aldo zu der Sleten und von unser beyder Orte wegen und unterteidigt habe (Unterschrieben) an der Mittwoch vor Sante Donates Tage und nemlich von Conrad von Brandenstein zur Zeit Vogt von Zwickau und Stollberg und Hildebrand Trützschler, zur Zeit Hauptmann der Herren von Schönburg, Herren zu Glauchau, in Gegenwart vieler biederer Leute zu Schlettau und des Vogtes daselbst, Bürgern und Bauern, die nicht alle namhaftig in diesem Brief geschrieben stehen. Besonder sind dabei gewesen Heinrich Koppe, Peter Richter von Rückertswalde, der Richter von

Tannenberg Kunz Pöling, Enderlein Mölner vom Geyer, Streubel vom Geyer, Nickel Schürer, denen diese hernach geschriebene Richtunge aller wissentlich (bekannt) ist und Brüche sahen wie ich sie seinerzeit gegen genannten Leuten von der Lößnitz verbrochen habe, gütlich entrichtet und entsatzt und wek geleyt (weggelegt). Um alle Sachen und Gebrechen habe ich an dem genannten Tage vor den genannten Zeugenleut geschworen einen rechten Friede und Urfehde für mich, alle meine Frohnten und für alle, die meinen Willen tun und lassen wollen; solcher sache nimmer zu gedenken noch sie zu rächen, beides mit Worten und auch mit Werken; nicht an Landen und Leuten aller meiner gnädigen Herren, zum ersten des Herzogs, danach besonders an den Landen und Leuten derer zu Schönburg, Herren zu Glauchau und besonders und zuvörderst wider die von Lößnitz und wider alle, die genannt sind, dass ich wieder die nimmer etwas tue, ich noch alle die Meinigen und niemand um meinetwillen, jetzt und nie mehr. Ich gelobe, das ganz und stets fest zu halten bei meinem beschwornenem Eid und bei meinem christlichen Namen. Zur größeren Sicherheit dafür, dass ich, alle meine Erben und all die Meinigen solche Richtunge, Eid und das Gelübde ganz unverbrüchlich halten sollen und wollen, beiden, den Landen und Leuten vorbenannter Herren und namentlich denen von Lößnitz, so setze ich ihnen zu Bürgen die hernach aufgeschriebenen ehrsamen, weisen, biederen Leute, zum ersten Heinrich Koppe und Hans Foß desessen zu Geyer, und Peter Richter von Rückertswalde, Enderlein Mölner von Geyer, Streubel zu Geyer, Paul von der

Eyben zu Geyer, Nickel Richter zu Tannenberg und wir jetzt und genannten Nickel Mönch, den vorstehenden Richtunge, Eid, Gelübde und Frieden ganz unverbrüchlich zu halten gegen alle und besonders gegen jeglichen, der oben genannt und berührt ist, bei unserem wahren Namen und unserer Ehre, und namentlich auch gegen Herrn Niklas Weydelich. Wenn dem genannten Nickel Mönch forthin Freibruch (Gegenmaßregeln) geschehe gegen irgendeinen der Obengenannten, so soll er sich vor jeglichen Herren, wohin der gehört, des schlichten Rechtes genügen lassen, und das vorder nicht suchen, wie er denn geschworen und gelobt hat und auch geschworen, desselbengleichen, wenn jemand Schuld an Nickel Mönch gewönne, der soll es ihm wissen und ihn zur Antwort kommen lassen. Wenn nun der Fall einträte, dass der genannte Nickel Mönch oder alle die seinen oder jemand um seinetwillen von den vorgesehenen Richtunge, Eid, Frieden und Gelübde abfällig würde, welcher Schaden dadurch käme über Lande, Städte, Dörfer oder der Leute Zehrung, oder welcher Schaden sich daraus ergäbe, wenn er offenbar und kund würde, so geloben in Wahrheit wir, die genannten Selbstschuldigen und Bürgen, alles selbst zutragen und auch jeglichen, dem hierbei Schaden geschähe im Guten zu entschädigen, dermaßen wie oben geschrieben steht, bei unserer Treue und Ehre, soweit unser Hab, Gut, Ehre und Leben reicht. Wir geloben diesen Brief (Vertrag) ganz unverbrüchlich in allen seinen Artikeln jeglichen (jedermann) ganz unverbrüchlich zu halten. An das angefertigte Schreiben habe ich, Nickel Mönch genannt, zur rechten Urkunde mein

Insiegel für mich, meine Erben und wir genannten Bürgen und Selbstschuldigen Heinrich Koppe und Hans Foß, jeglicher sein Insiegel mit guten willen ungezwungen angehängt unter diesem Briefe, deren wir andern Bürger für diesmal mit teilhaftig sind. Ueber das alles haben wir Selbstschuldigen und Bürgen die ehrbaren und festen Siegemund Braun und Hans Kropitzen gebeten, ihr Insiegel zu unserm zu hängen ohne Schaden für sie, was wir benannten dem um ihre Bitte willen gern getan haben. Dieses ist gegeben nach Christi Geburt tausend vierhundert im fünfunddreisigsten Jahre an der Mittwoch vor Sante Donatus Tage«. Dass übrigens auch anders verfahren wurde als im Ergebnis des Prozesses im Saal der Burg Schlettau zeigt das Schicksal des Raubritters Dietrich von Vitzthum. Wenige Jahre nach Ablegen der Urfehde durch Nickel Mönch wurde Vitzthum auf seiner Frauensteiner Burg gefangen genommen und Kurfürst Friedrich II. (diesmal gar nicht sanftmütig) sorgte dafür, dass er mit dem Schwert hingerichtet wurde.

Am Pranger auf Schloss Augustusburg

»Prinz Lieschen«

Das prächtige Renaissanceschloss im Erzgebirge ließ Kurfürst August – häufig »Vater August« genannt – von 1568 bis 1572 errichten. Das erfolgte an jener Stelle, an der sich seit Jahrhunderten die 1206 erstmals erwähnte Burg Schellenberg befand, die inzwischen freilich völlig zerstört war. Erbaut wurde das imposante Schloss vor allem von Hieronymus Lotter und in der Schlussphase von Graf Rochus von Lynar. Nachdem der Kurfürst bereits 1586 verstarb, spielte das prächtige Anwesen fortan keine herausragende Rolle mehr. Zunächst wurde es hin und wieder noch als Jagdschloss genutzt; im 18.Jahrhundert war es damit jedoch zu Ende und man verbrachte die ehemals reichlich vorhandenen Jagdtrophäen nach den Schlössern Moritzburg und Hubertusburg. Seit 1617 diente die Augustusburg dann vorübergehend als Staatsgefängnis, aber auch als Sitz eines landesherrlichen Amtes, einer Garnison, als Heim für pensionierte Offiziere und Beamte, als Lazarett und für noch mancherlei mehr. 1951 wurde letztlich ein Heimatmuseum eingerichtet; in unserer Zeit hat sich das sehenswerte Schloss zu einem Besuchermagnet entwickelt. Im Sommer 1716 war das Schloss schon einmal ein Besuchermagnet, allerdings nur für wenige Tage. Was war geschehen? Einer der im 17. Jahrhundert gefürchteten und berüchtigten Raubmörder war ein Mann namens Lips Tullian. Jahrelang saß er in dem Gefängnis auf der Augustusburg ein, aber trotz seiner spektakulären Verbrechen erreichte er im Erzgebirge bei weitem nicht jene Popularität wie eine vergleichsweise harmlose, ebenfalls hier eingekerkerte Person: Sabina Sophie Apitzsch, die schon zu Lebzeiten spöttisch >Prinz Lieschen< genannt wurde.

Sabina, 1692 im sächsischen Lunzenau geboren, verließ als 21-jährige das elterliche Haus, nachdem sie gegen ihren Willen verheiratet werden sollte. Um unerkannt zu bleiben und sich unbehelligt bewegen zu können, zog sie sich Männerkleider an, nannte sich Gottfried oder Karl Günther und gab sich als fahrender Barbier aus. Damit begann für sie ein recht buntes Leben. In der Markgrafschaft Ansbach-Bayreuth wurde die Apitzsch alias Barbier Günther ein erstes Mal inhaftiert. Nicht etwa, weil man den Schwindel entdeckt hatte, sondern weil die Preußen dringend Soldaten brauchten und diese vorsorglich eingesperrt hielten. Einen Monat lang drillte man den vermeintlichen Rekruten. Dann fand sich für Sabrina glücklicherweise eine Gelegenheit zu desertieren. Das große Leipzig, wo man wegen der dort oft weilenden vielen fremden Kaufleute leichter unerkannt bleiben konnte, wählte sie jetzt als Ziel. In der turbulenten Handelsstadt schloss sie Bekanntschaft mit einer »im Goldenen Hahn wohnenden starken Frau«. Das war eine Akrobatin, die nichts Eiligeres im Sinn hatte, als ihre überreife Tochter dem fahrenden Barbier als Braut anzutragen. Es kam zur Verlobung. Kritisch wurde es, nachdem die Mutter auf Vermählung drängte – der »Bräutigam« machte sich schleunigst aus dem Staub.

Kurprinz Friedrich August.

Auf dem Weg hin zum Erzgebirge gelang es ihr trickreich, einen Pass auf den Namen Karl Merbitz zu erstehen. Unter diesem Namen bezog sie bei einem Bäcker in Elterlein Quartier. Von nun an entwickelte sich eine Komödie, die Sabina Apitzsch die erwähnte Volkstümlichkeit bescherte und von der bis in die Gegenwart das Prinz-Lieschen-Gefängnis und der Pranger auf der Augustusburg künden.

Um die Geschichte nachvollziehen zu können, ist darauf zu verweisen, dass es der höhere Adel nicht nur zur damaligen Zeit sehr schätzte, zuweilen inkognito zu reisen. Das wiederum stachelte insbesondere solche Zeitgenossen, die »nach oben« kommen wollten, in massiver Weise an, unter falschen Namen auftretende edle Damen und wohlgeborene Herren zu erkennen. War man diesen dann gefällig – in aller Selbstlosigkeit, das versteht sich –, würden sich die Herrschaften späterhin großzügig und wohlwollend zeigen.

Als sich Sabina im Sommer 1714 im Erzgebirge aufhielt, kursierte das ungemein aufregende Gerücht, der sächsische Kurprinz Friedrich August reise momentan unter anderem Namen und weile in der Region. Es kam, wie es kommen musste:

Als erster ließ der Schwarzenberger Kreisamtmann behutsam sondieren, um wen es sich wohl bei dem geheimnisvollen Fremden in Elterlein handeln könne, der »ein schwarzes Band mit einem Stern« trage. Die Recherchen erbrachten keine Neuigkeiten. Allerdings wurde der ermittelte Name des Unbekannten – Karl Merbitz – mit vielsagendem Schulterzucken und bedeutsamer Miene zelebriert. Gewissermaßen zum Dreh- und Angelpunkt in der weiteren Karriere der jungen Dame gestaltete sich deren Bekanntschaft mit einem Steuerinspektor namens Pöckel aus Oederan. Der Inspektor hatte sich fest vorgenommen, durch hartnäckiges Hinterfragen das Inkognito zu lüften. Als die vorsichtige Sabina unter anderem äußerte, sie sei ein Kind aus Sachsen, war für den Akzisekommissar die Angelegenheit klar. Pöckel ließ hinter vorgehaltener Hand verlauten, er habe es selbst von dem Fremden gesagt bekommen, der junge Mann sei ein Spross aus dem Hause Sachsen.

Mit besonderer Aufmerksamkeit vernahm diese Botschaft ein zwar wohlhabender, aber noch nicht mit dem Adelstitel geschmückter Landkammerrat, der seinen Wohnsitz auf dem ihm gehörenden Erbgericht zu Hetzdorf in der Nähe von Augustusburg hatte. Daniel Volkmar, so der Name des Herrn, suchte eiligst den Unbekannten »aus dem Hause Sachsen« auf und war sich auf den ersten Blick nunmehr vollends sicher – jawohl, es handelte sich bei dem angeblichen Karl Merbitz um Kurprinz Friedrich August von Sachsen!

In den folgenden Wochen war Fräulein Apitzsch nahezu ständiger, devot bedienter und reich beschenkter Gast im Hause Volkmar. Sabina erklärte zwar ab und an, sie sei der Zeugmacher Karl Merbitz. Die Erklärungen wurden aber mit einer derart augenzwinkernden Zweideutigkeit abgegeben, dass gerade diese Aussagen eher die Überzeugung des als etwas beschränkt beschriebenen Landkammerrats festigten als ihn zu verunsichern. Von dem bedeutenden Gast hörte über kurz oder lang der seit 1677 als Oberforst- und Wildmeister im Schloss Augustusburg angestellte Georg von Günther. Der hatte nichts Eiligeres zu tun, als Kontakt mit dem Fremden zu knüpfen. Beflügelnd beim Buhlen um die Gunst des vermeintlichen Kurprinzen wirkte sich der Umstand aus, dass zwischen Günther und Volkmar seit langem Rivalitäten herrschten.

Promenaden und Ausflüge, mal von dem einen, dann von dem anderen Herrn begleitet und finanziert, führten selbstverständlich auch zum Schloss Augustusburg. Nicht ohne Stolz geleitete Georg von Günther seinen vermuteten hohen Gast durch den von Kurfürst August erbauten Jägerhof, den er als Oberlandfischmeister 1698 erworben hatte. Während einer Führung durch die Schlosskirche beklagte die Apitzsch das Fehlen der Stühle und der Orgel und ließ verlauten, sie wolle eine Orgel fertigen lassen. Solche und ähnliche Äußerungen stabilisierten natürlich die Überzeugung der Herren Günther und Volkmar bezüglich der Identität des Fremden.

August der Starke weilte in Warschau, sein Sohn Friedrich August war auf der üblichen Kavalierstour quer durch Europa. Weit weg von Sachsen und durch den Nordischen Krieg in Atem gehalten, hatte der Landesvater andere Sorgen, als sich um einen Hochstapler in der tiefen Provinz zu kümmern. Im Februar 1715 erschien allerdings doch ein Hofbediensteter aus Dresden in Hetzdorf, um sich vor Ort ein Bild zu Berichten zu machen, die einige Hiesige in die Residenz gesandt hatten. Dem Beamten verschlug es fast die Sprache, als ihm ein vor Stolz aufgeblähter Volkmar eine Person in Männerkleidern präsentierte, die der Kurprinz sein sollte. Der Dresdner hielt an sich, gab keinen Kommentar ab

und bestieg rasch die Kutsche Richtung Residenz-
stadt. Volkmar musste nicht lange rätseln, was von
der eiligen Abreise zu halten war – ein paar Tage
später kreuzten Soldaten auf und machten Sabina
Apitzsch dingfest.

Der Pranger auf der Augustusburg.

Nunmehr gab sich der falsche Kurprinz erneut
die Ehre, in Begleitung das Schloss Augustusburg
aufzusuchen. Diesmal allerdings erfolgte das nicht
freiwillig, sondern in Fesseln und bewacht von eini-
gen grimmig dreinblickenden Gestalten. Irgendein
Spaßmacher erfand für Sabina Apitzsch den Spott-
namen »Prinz Lieschen«, der sich rasch verbreitete.

In einem gut gesicherten Raum zwischen Hasenhaus und Sommerhaus war die junge Frau jetzt eingesperrt. Die Untersuchungen zogen sich vom Februar 1715 bis zum Folgejahr hin; erst im Juni 1716 wurde das Urteil über die zwischenzeitlich von einem leichten Schlaganfall getroffene Hochstaplerin gesprochen. Nach umständlicher Erörterung der als bewiesen angesehenen Tatsachen kam der Ehrwürdige Schöffenstuhl zu Leipzig zu folgendem Schluss: »So ist Sabin Sophia Apitzschin mit Staupenschlägen des Landes ewig zu verweisen, es wäre denn, dass, weil sie im abgewichenen Jahre 1715 mit einem Schlagflusse befallen worden, solche Leibesstrafe ohne Gefahr ihres Lebens und Gesundheit an ihr nicht zu exequiriren, worüber allenfalls eines verständigen Medici Gutachten einzuholen und zu den Akten zu bringen. Auf dem Fall wäre, ohne dieselbe, die ewige Landesverweisung an ihr zu vollstrecken, auch sie sodann, da sie es im Vermögen hat, die auf diesen Prozess gewandten Unkosten abzuführen schuldig«. Einige Wochen später wurde die Strafe durch eine Order Augusts des Starken an die Landesregierung dahingehend gemildert, dass die Sünderin »anstatt der ihr zuerkannten Staupenschläge im Gefängnis mit Ruten gezüchtigt, an den Pranger gestellt und dann bis zu fernerer gnädigster Verordnung in das Zuchthaus zu Waldheim gebracht werden solle«. Eigens für Prinz Lieschen wurde auf dem Schlossberg ein Pranger erstellt und gemäß kurfürstlicher Anweisung verfahren. Der Transport von Schloss Augustusburg nach Waldheim erfolgte umgehend. Hier, in dem vom Augustinerkloster zum Zucht-, Armen- und

Waisenhaus umgewandelten Domizil, hatte Sabina Apitzsch fünfzehn Monate zu verweilen, während draußen im Land bei Arm und Reich ihre köstliche Geschichte kursierte.

Als am 15. Oktober 1717 die Begnadigung erfolgte, kommentierte man das allgemein mit viel Sympathie. Dem Gnadenakt vorausgegangen war ein eigenhändiges Schreiben Sabinas an August dem Starken, in dem es unter anderem hieß: »Wie ich mich denn bissdero sehr unpässlich befunden und sehr viel ausgestanden, dass ich also, wenn ich mich noch ferner in dergleichen miseeligen Leben behelffen sollte, gar crepieren würde, womit Ew. Königl. Majestät und Churfürstl. Durch-laucht hoffentlich nicht gedient sein wird. Ich verobligire mich hingegen hinführo und Zeitlebens eingezogen zu halten und dergleichen Sachen nicht mehr zu begehen, sondern mich bey meinen Eltern Zeitlebens auffzuhalten, die mich auch auff vieles Bitten und Demonstriren wieder vor ihr Kind angenommen haben.«

Karls kühnste Tat

Karl Stülpner

1762 in Scharfenstein geboren
1841 in Scharfenstein gestorben

Zwischen Annaberg-Buchholz und Zschopau liegt der kleine Ort Drebach. Am 29. Dezember 1998 entdeckte man in der dortigen Volkssternwarte einen Planetoiden, der sich zwischen den Planeten Mars und Jupiter um die Sonne herum bewegt. Der mit der Kennzeichnung »1998 YH27« versehene Himmelskörper trägt seit dem Jahr 2000 den offiziellen Namen »(13816) Stülpner«. Diese Taufe drückt die Bedeutung und den Erinnerungsreichtum an einen Wildschütz aus, der in Scharfenstein geboren wurde und auch hier verstarb – der erzgebirgische Volksheld Carl Heinrich Stilpner, allgemein bekannt unter dem Namen Stülpner Karl.

Der Robin Hood des Erzgebirges wurde aus zwei Gründen von der Obrigkeit verfolgt. Zum einen war er schon von jungen Jahren an ein leidenschaftlicher Wilderer. Als Kind ging er einem Förster aus Ehrenfriedersdorf zur Hand. Als dieser abwesend war und im Forsthaus dringend nach der Lieferung eines Rehbocks verlangt wurde, entschloss sich Karl trotz strengen Verbots eigenständig mit Försters Büchse auf die Pirsch zu gehen.

Und tatsächlich erlegte der Zehnjährige einen Bock. Mit diesem ersten erfolgreichen Schuss war der Anstoß für die künftige Wilderei gegeben. Verfolgt wurde Stülpner Karl zum anderen aber auch, weil er vom Militär desertierte, und das mehrmals: 1785 als kurfürstlich-sächsischer Musketier, 1794 aus einem hannoveranischen Dragonerregiment und 1807 wiederum aus kursächsischem Dienst.

Karl Stülpner mit seinen Weidgenossen.

Viele der Abenteuer des Stülpner Karl sind inzwischen Legenden, deren Wahrheitsgehalt kaum noch überprüfbar ist. Die von uns im Folgenden erzählte Episode ist urkundlich belegt und wird allgemein als seine kühnste Tat bezeichnet.

Die Geschichte ist recht ausführlich in einem Brief aus dem Jahr 1795 dokumentiert, der an den Oberforst- und Wildmeister in Bärenfels, Herrn von Zeng, gerichtet ist:

»Hoch wohlgeborener Herr Gnädiger Herr Cammerherr!

Auf vergangene Hohe Verordnung untern dato Wolkenstein 8. October a.c., allwo ich neben dem Förster Töpel angewiesen wurde, auf Verlangen der Adelisch-Einsiedelischen Gerichten zu Scharfenstein, … haben wir, ich der Oberförster nebst Förster Töpel, auf Ersuchen des Gerichts-Verwesers Herrn Inspecteurs Carl Wilhelm Friedrich Günthers, uns den 12ten October abends um 6 Uhr in Wolkenstein eingefunden, um die arredirung des vorberührten Deserters Stilpner zu verabreden.
Um 8 Uhr abends trafen der Herr Leutnant Öhlschlägel mit 2 UnterOfficirs und 24 Mann Musquetirs zu dieser Expedition allda ein. Nun wurde darüber beratschlaget, und entlich festgesetzet, wie wir diese arredirung unternehmen und ausführen wollten …«

Offensichtlich war bekannt geworden, dass sich der fahnenflüchtige Stülpner Karl in seinem Geburtsort Scharfenstein aufhielt. Die Häscher wurden sich im Verlauf ihrer Debatte rasch einig, wie man vorgehen wollte. Eine besondere Strategie musste nicht erörtert werden. Glaubte man doch sicher zu wissen, dass Stülpner allein war und nicht auch noch Spießgesellen in seinem Haus um sich geschart hatte. Die Aktion leitete in Vertretung des erkrankten Thumer Gerichtsdirektors der Gerichtsgehilfe Carl Friedrich Wilhelm Günther. Günther konnte mehr als dreißig Männer zum Einsatz bringen. Eine solche personelle Übermacht war derart erdrückend, dass eigentlich nichts schief gehen konnte.

Aber es ging schief. Als das Haus kurz nach Mitternacht gestürmt wurde, war das Nest leer. Das Anwesen wurde vom Kopf auf die Füße gestellt und durchsucht, doch Stülpner war wie vom Erdboden verschluckt. Das Ergebnis der Suchaktion ist in dem bereits genannten Brief wie folgt aufgelistet:

»Bis endlich früh gegen 3 Uhr fanden wir nachstehende Sachen, als

1. ein altgrünes Jagd-Colet, so ziemlich abgetragen
2. einen grünen Tuchrock, in welchem sich ein Pulfer-Horn mit Pulfer und Werck befunden,
3. einen Hirschfänger, welcher ganz neu und scharf geschliffen war,
4. eine Jagd-Flinte, welche aber lange Zeit nicht in Brauch gewesen,
5. ein gestecktes Messer, scharf geschliffen, und
6. eine große Jagd-Tasche von Dachs-Haut.

Alle diese Sachen nahm der Gerichts-Verwalter zu sich in Verwahrung.«

Mit dem aufkommenden Morgengrauen nahm das Militärkommando in der Schenke das Frühstück ein, um dann zurück nach Annaberg zu marschieren. Die Zivilisten berieten zur gleichen Zeit im Schloss, wie jetzt weiter zu verfahren ist. Man kam zu dem Schluss, Stülpner sei längst über alle Berge, also Abbruch der Aktivitäten. Einige Leute wurden allerdings noch beauftragt, die requirierten Sachen in sicheres Gewahrsam nach Wolkenstein zu bringen. In dem Brief wird geschildert, was dann geschah:

»In dieser Meinung lassen wir die Pferthe vorführen. Ich und der Förster Töpel waren die ersten und reithen ab. Da wir ongefähr 50 Schritte über den Schloßhof weg sind und an das Thor kommen, so sehen wir ongefähr 100 Schritte von uns einige Mannschaft streiten und schlagen, wißen aber nicht, wer es ist, nur noch weniger, weß dieses zu bedeuten haben soll. Auf einmal aber sehen wir, daß ein Cerl mit einer Kugel-Büchse auf uns anschlägd und mit gräßlicher Stimme schreid: >Hald! Hald! Ihr tausend Sacramenter!< Darauf der Töpel: >Das ist Stilpner.< Sogleich wenden wir, um hinter das Thor zu reithen, um sicher dort zu seyn. Allein, in dem Moment, da wir die Pferde wenden, so giebt der Cerl Feuer und schießt mir mein Pferth unter den Leibe mit der Kugel auf die rechte Keule. Und damit läuft er davon.«

Es wird nun berichtet, dass Stülpner jenen Personen begegnet sei, die seine beschlagnahmten Sachen transportierten. Die habe er ihnen weggenommen und gedroht, jeden zu erschießen, der dabei auch nur den geringsten Widerstand leiste. Erzählt wird übrigens auch, der Wildschütz habe bis zum Einbruch der Nacht die Burg belagert; sicher belegt ist das allerdings nicht.

Glaubwürdig hingegen wird in dem an den Oberforstmeister Herrn von Zeng gerichteten Brief ein weiteres Vorkommnis geschildert:

»Den anderen Tag, als den 14. October, kommt ein hiesiger Pachter nahmens Vobiß aus dem Wald gefahren und hat sich ein bißchen Reißig erhollet. Da er an meine Hausthüre kommt, so hält er stille und sagt mir: Diesen Mittag sey er an der sogenannten Schuhlmeister-Wiese am fliegel 3 gewesen. Da sey ein Mensch in einem grünen Jagd-Colet, eine Kugel-Büchse tragend, zu ihm gekommen, habe nach dem Ober-Förster gefraget und mir sagen laßen, ich sollte hinauskommen, er habe noch eine Kugel, welche er mir auf den Kopf schießen wolle … Ein solches alles haben Ew. Hochwohlgeboren Gnaden unterthänig anzeugen und zugleich fragen wollen, wie wir uns in Zukunft bey allen diesen Vorfellen ferner zu verhalten haben. Ob ich gleich unterthänig versichere, daß ich in meinem ganzen Leben das Wort Furcht nicht gekannt, aber mich von einem Schlechten Cerl vielleicht auf eine infame Art und Weise dodt schießen zu lassen, wäre einfäldig von mir gedacht … Es wäre überhaupt von dieser ganzen Affere gar viel zu sprechen. Und ich wünsche nur die Gnade zu haben, Ew. Hochwohlgebor. Gnaden mündlich darüber zu sprechen …

Ew. Hochwohlgebor. Gnaden

Unterthänig treu gehorsamster
Christian Friedrich Pügner
Georg Gottlob Töpel

Geyer, den 16. Oct. 1795«

Das Justizamt zu Wolkenstein gibt am 16. November 1795 einen Steckbrief heraus und lockt mit einer geradezu fürstlichen Belohnung. Es wird bekannt gemacht, »daß derjenige welcher bemeldeten Stilpner zum Arrest bringe, oder auch selbigen zuverläßig und mit Entdeckung solcher Umstände, … zur wirklichen Haft zu bringen, anzeigen wird, eine Belohnung von 50 Thalern zu erwarten haben solle.«

Stülpner wurde nicht aufgegriffen. Er muss ein sicheres Versteck und einen einflussreichen Verbündeten gehabt haben, der ihn rechtzeitig vor der Razzia gewarnt hat. Was da wie geschehen ist, kann zwar nur vermutet werden, aber die Vermutung dürfte der Wahrheit sehr nahe kommen.

Der 32-jährige Stülpner hatte bald nach seiner Rückkehr ein 17-jähriges Mädchen kennen- und liebengelernt. Johanne Christiane, die junge Schönheit, war ausgerechnet die Tochter des Ortsrichters Wolf, also jenes Mannes, über dessen Tisch jene Fäden liefen, in denen der Wilddieb gefangen werden sollte. Die Liebe wurde von dem Töchterlein aufs heftigste erwidert; als Uneheliche bekam sie Anfang 1796 von Stülpner ein Kind. Im Totenregister zu Großolbersdorf ist dazu notiert worden:

»26.02.1796 – Ein todtgebohrenes Söhnlein Hannen Christianen Wolfin, so sie in Unehren empfangen von Heinrich Stilpner aus Scharfenstein …
Stilpner hat sich, da er sich nicht selbst darf sehen lassen, bey de Nacht gegen die hiesige verpflichtete Wehefrau Wolfin als Vater dieser Leibesfrucht angegeben …
Es ist dieses Söhnlein nach dreitägigen Geburtskampf der Mutter … zur Welt gebracht worden, den 26.2. Früh zu ½ 5 Uhr. Begraben mit Kapitel aufm Gottesacker den 28.2.1796.«

Stülpner Karl in höherem Lebensalter.

Es wird erzählt, das junge Mädchen sei gegenüber ihrem Vater, dem Ortsrichter Wolf, und ihrer Mutter Johanne Sophie so dominant gewesen, dass die Eltern dem Wildschütz und Deserteur nicht nur von der beabsichtigen Festnahme informiert hätten, sondern ihm auch Unterschlupf gewährten!

Immer noch unehelich kam im Juli 1799 ein zweites Kind zur Welt. Das Mädchen wurde auf den Namen Hanne Eleonore getauft. Ortsrichter Wolf und seine Frau hielten trotz des erneuten Malheurs weiterhin zu ihrer einzigen Tochter. Als diese jedoch mit Stülpner nach Böhmen durchbrannte, war die elterliche Geduld zu Ende; Johanne Christiane wurde im Zorn enterbt.

Karl, Christiane und Eleonore kehrten 1813 nach einem offiziellen sächsischen Generalpardon heim ins Erzgebirge. Der Wildschütz hatte sich endlich mit der Mutter seines Kindes vermählt; doch schon 1820 verstarb seine Ehefrau. Karl Stülpner heiratete 1823 ein zweites Mal und kränkelte allmählich – die Zeit der wilden Abenteuer war nunmehr endgültig vorbei.

Der »privilegierte
Hoff- und Landorgelbauer«

Gottfried Silbermann

1683 in Kleinbobritzsch geboren
1753 in Dresden gestorben

Im Dezember 1736 griff Wilhelm Friedemann Bach – der älteste und zugleich auch der begabteste Sohn des berühmten Leipziger Thomaskantors Johann Sebastian Bach – zur Feder. Soeben hatte er in der Dresdner Frauenkirche einem Konzert seines Vaters gelauscht und war überwältigt. Nicht zuerst von der Virtuosität des Organisten, sondern von dem Klang der Orgel, die mit Bachs Konzert offiziell eingeweiht worden war. Erbaut hatte das Instrument ein Erzgebirgler – Gottfried Silbermann. Tief bewegt von dem wunderbaren Timbre des Meisterwerks dichtete der junge Bach die folgenden Verse:

Berühmter Silbermann!
Vergönne mir zu schreiben,
Was DU mit Recht verdienst:
Dein Ruhm wird ewig bleiben,
Den DU durch DEINE Kunst
Mit gantz geschickter Hand
Bereits erworben hast
In unserm Sachsen-Land.

Zu jenem Zeitpunkt stand Gottfried Silbermann kurz vor seinem 54. Geburtstag und war inzwischen auf dem Gipfel seines Ruhmes. Ein anstrengender Weg mit mancherlei Sorgen lag hinter ihm …

Gottfrieds Vater war Zimmermann und betrieb in Kleinbobritzsch eine kleine Landwirtschaft. Als der Junge am 14. Januar 1683 geboren wurde, äußerte Vater Michael den Wunsch, Gottfried möge später mal Buchbinder werden. 1686 zog die Familie nach Frauenstein um, was vielleicht für die weitere Entwicklung des Sohnes schicksalhaft war. Gottfrieds Lehrer spielte während der Gottesdienste in der Stadtkirche die Orgel, und so oft es ging, stand der Schuljunge daneben und verfolgte fasziniert das Spiel des Organisten. Nein, Buchbinder wollte er nicht werden, sondern Orgelbauer. Die würden zu selten gebraucht, war das Gegenargument des Vaters, aber wie wäre es dann mit dem Tischlerberuf?

Gottfried lernte also zunächst Tischler; doch im Frühjahr 1702 machte er sich auf den Weg zu seinem fünf Jahre älteren Bruder Andreas. Der hatte sich als Orgelbauer ausbilden lassen und hatte im elsässischen Straßburg eine eigene Werkstatt inne.

Gern nahm Andreas seinen kleinen Bruder in die Lehre. Gottfried lernte schnell; gemeinsam mit dem erfahrenen Lehrherrn fertigte er mit dem Bau der Orgel für die Sankt-Nikolaus-Kirche zu Straßburg sein Meisterstück. Die Brüder schienen ein erfolgreiches Duo zu sein, doch 1710 brach Gottfried überstürzt zurück nach Sachsen in seine erzgebirgische Heimat auf. Was war geschehen?

Schon einige Monate hatten die beiden Orgelbaumeister im Straßburger Nonnenkloster Sankt

Margareten an einem neuen Instrument gearbeitet. Dabei waren Begegnungen mit den Nonnen wie auch den Novizinnen unumgänglich. Eine davon war Gottfried besonders ins Auge gefallen. In aller Vorsicht suchte er nach einer Gelegenheit, mit ihr ins Gespräch zu kommen. Das klappte, und alsbald entwickelte sich daraus eine liebevolle Beziehung. Als Rosalie – so der Name der Novizin – Silbermann anvertraute, dass sie von ihrem Stiefvater gegen ihren Willen in das Kloster gebracht worden sei und sie schon in Kürze ihr Gelübde ablegen sollte, fasst der Orgelbauer einen kühnen Entschluss. »Ich helfe dir, aus dem Kloster auszubrechen, und dann fliehen wir gemeinsam in meine erzgebirgische Heimat.« Rosalie war sofort bereit, den Vorschlag anzunehmen und so der bevorstehenden ewigen Gefangenschaft als Nonne zu entgehen.

Die Flucht scheiterte; die Klostermauern erwiesen sich für Rosalie als unüberwindbar. Gottfried musste befürchten, dass er als Anstifter und Organisator belangt werden würde, so dass er sich Hals über Kopf zurück ins Sächsische begab. Leicht fiel ihm das nicht. Rosalie war so tief in seinem Herzen verwurzelt, dass wohl auch das eine Ursache dafür war, zeitlebens nicht geheiratet zu haben.

Zuhause angekommen gab es für ihn schon bald einen Auftrag. In der Frauensteiner Kirche war die Orgel zu reparieren. Vor 126 Jahren war der Klangkörper von einem Eilenburger Orgelbauer geschaffen worden; jetzt wurde es hohe Zeit, Hand anzulegen. Silbermann war nach einer ersten Besichtigung über den »miserablen Zustand« sehr erschrocken. In einem Schriftstück von 1711 kann man lesen: »…

entschloss ich mich, weil Frauenstein mein Vater-
land – und Gott zu Ehren und der Kirche zuliebe –
ein ganz neues Orgelwerk zu liefern, wenn mir
dazu die nötigen Materialien und die Kost für mich
und meine Leute geschafft würden.« Vom 20. Juni
1710 bis zum 1. Mai 1711 arbeitete er an dem Objekt;
die Orgelweihe fand im Juli 1711 statt. Material und
Kost gab es, aber wohl nur einen äußerst jämmerli-
chen Lohn.

Die Silbermannorgel in Frauenstein.

Noch vor der Weihe in Frauenstein kam ein Vertrag zustande, der schließlich zu der bedeutendsten
Orgel Gottfried Silbermanns führen sollte; freilich
erneut nicht zu einer für ihn wirtschaftlich ertragrei-

chen: Der Erzgebirgler erhielt den Auftrag, den Dom Sankt Marien in Freiberg mit einer neuen, größeren Orgel auszustatten.

Eigentlich sollte das Instrument bereits im Jahr 1712 fertiggestellt sein, doch die Einweihung erfolgte erst am 20. August 1714. Silbermann konnte sehr gut die Ursachen des Zeitverzugs erklären. Zum einen war die Materialbeschaffung viel aufwändiger als gedacht. Schon lange vor Beginn der Arbeiten hatte er den befreundeten Juristen Elias Lindner gebeten, an den »Hoch-Edlen Hochweisen Rath zu Freybergk« ein formvollendetes Schriftstück zu verfassen. Darin wurde verbindlich aufgelistet, was und wie viel wann geliefert werden müsse. Genannt wurden zwanzig Zentner guten Zinns für den Guss der Metallpfeifen, hundert Felle von kräftigen Schafen für den Blasebalg und die Windladen, zwei Zentner Leim, zwölf Pfund raren Ebenholzes für die Manualtasten der Ganztöne und fünf Pfund schwer zu beschaffenden Elfenbeins für die Halbtontasten, ein Fuder Holzkohle zum Löten und vieles andere mehr. Trotz der rechtzeitigen, bindenden Bestellung stockte der Materialfluss des öfteren.

Die andere entscheidende Ursache für die Zeitverzögerung lag freilich bei Meister Silbermann selbst. Er sei schon ein bisschen spleenig, war der allgemeine Tenor in der Bergstadt. Man müsse sich nur mal ansehen, wie er sich im Dom aufführe. Fast jeden Tag schreite er durch die Gänge, stampfe mit einem alten Stock auf den Fußboden oder klopfe gegen das Gestühl. Dann, so erzählte man sich weiter, hole er eine Kladde aus der Tasche seines abgewetzten Gewands und kritzele eifrig etwas auf die Seiten.

Die Silbermannorgel im Freiberger Dom.

Was die Bürger so wunderlich fanden, gehörte zu den Ursachen Silbermanns großer Orgelbaukunst. Der Meister lotete so die Akustik aus, um die optimale Anordnung und Neigung der Orgelpfeifen zu ermitteln. Abzustimmen waren schließlich 2.574 Pfeifen mit Ausmaßen zwischen knapp fünf Metern und einem Zentimeter. Dass eine solche Arbeit Zeit kostete, lag auf der Hand.

Die Orgeleinweihung erfolgte am 20. August 1714. Wer unter den Freibergern und den Gästen ein einigermaßen sensibles Musikempfinden hatte, wird spätestens zum Eröffnungskonzert Gottfried Silbermann innerlich um Verzeihung gebeten haben, falls er den Meister zuvor als spleenig eingestuft hatte. Der Klang der Orgel und ihre optische Qualität war das Beste, was man bisher jemals mit einem solchen Instrument erlebt hatte!

Wer nun meinte, Silbermann habe sich mit der großartigen Leistung in wirtschaftlich gesicherte Verhältnisse befördert, irrte sehr. Der Lohn war nicht üppig gewesen, und außerdem mussten für drei Gesellen Lohn und Brot zur Verfügung gestellt werden. Immerhin hatte es der Meister mit Ach und Krach zu einem Haus geschafft, so dass er endlich das Bürgerrecht beantragen konnte. Noch acht Jahre nach der Weihe seiner Orgel war er wie die überwiegende Mehrzahl der Freiberger lediglich »Schutzverwandter« oder »Beisasse« – ein Einwohner zwar, aber keiner mit verbrieftem Bürgerrecht.

Das mit der Vergabe des Bürgerrechts erforderliche Geld konnte Silbermann nicht vollständig aufbringen; für lediglich zwei Taler wurde es ihm 1722 zugesprochen. Jetzt endlich fasste er sich ein Herz und entschloss sich, eine Bittschrift an den Landesherrn, an August dem Starken, zu richten und »unterthänigst« um amtliche Anerkennung als Orgelbaumeister zu ersuchen. Am 30. Juni 1723 unterzeichnete der Kurfürst höchstpersönlich eine entsprechende Urkunde und deklarierte Silbermann »zu unserem Hof- und Landorgelbauer«. August der Starke muss gute Ratgeber gehabt haben, die ihm verdeutlichten, welches Juwel dieser Untertan war. Nicht nur die eigenhändige Unterschrift drückt die Wertschätzung aus, sondern auch eine bemerkenswerte Hinzufügung: Es sei sein landesherrlicher Wille, dass der Hof- und Landorgelbauer im gesamten Kurfürstentum als solcher »geachtet, traktieret und geschrieben« werde. Zu damaliger Zeit bedeutete »traktieren« großzügig bewirten!

Von nun an unterschrieb Gottfried Silbermann alles mit dem Zusatz »privilegierter Hoff- und Landorgelbauer«, und von da an ging es auch wirtschaftlich voran. Als er am 4. August 1753 infolge eines Schlaganfalls in Dresden verstarb, hinterließ er ein beträchtliches Vermögen – 16.000 Taler. Beigetragen zu diesem Wohlstand hat der Bau einer Orgel für die neue Dresdner Frauenkirche, wovon abschließend noch erzählt werden soll.

Im August 1726 war der Grundstein für die von George Bähr entworfene Kirche gelegt worden. Als acht Jahre später die Weihe des noch nicht ganz fertig gestellten Gotteshauses erfolgte, nutzte man zur musikalischen Umrahmung zwei kleine Standorgeln. Spätestens jetzt übte man Druck auf Silbermann aus, zügig an der Umsetzung des ihm schon 1732 erteilten Auftrags zum Bau der Orgel in der Frauenkirche zu arbeiten. Der mittlerweile rundherum berühmte Meister konnte es sich leisten, lange um das Salär für seine Arbeit zu feilschen. Seine Hartnäckigkeit zahlte sich im wortwörtlichen Sinn aus – Silbermann bekam einen Kontrakt, in dem ein Honorar von 4.000 Talern festgeschrieben war. Dieser Betrag entsprach etwa dem zehnfachen Jahressalär George Bährs!

Am 1. Dezember 1736 konnte die Orgel eingeweiht werden. Der aus Leipzig angereiste Johann Sebastian Bach zelebrierte ein hinreißendes Konzert. Anschließend gab es das oben bereits erwähnte Lob für den Musikus wie auch für den Orgelbauer.

Während wenigstens ein authentisches Bach-Porträt geschaffen wurde, kam freilich niemand auf die Idee, Gottfried Silbermann zu malen und so sein Aussehen für die Ewigkeit festzuhalten. Schlimmer noch: Sein Grabmahl befand sich auf dem Dresdner Johannisfriedhof. Als dieser Mitte des 19. Jahrhunderts säkularisiert wurde, verschwand es …

Ein ungewöhnlicher
Erzgebirgischer Adventskalender

Es geschah an einem 30. November in Aue. Die altansässige Familie B. – Vater Günter, seine Ehefrau Carola und Sohn Bernd – saßen am Tisch, um das Abendessen einzunehmen. Als die Mutter mit dem Abräumen begann, wandte sich der Vater an den 17-Jährigen Sohn:

»Wenn alles gut geht – und davon kann ich wohl ausgehen – wirst du im nächsten Jahr das Gymnasium mit dem Abitur in der Tasche verlassen. Und weil du danach ausgerechnet in Berlin studieren willst, wird unsere Familie dann nicht mehr die Vorweihnachtszeit über geschlossen zusammen sein. Da wollen wir unser Zusammensein in diesem Jahr nochmals richtig genießen, also die Adventszeit so interessant, behaglich und abwechslungsreich wie irgend möglich gestalten.«

»Hm«, brummte der Sohn, »und was bedeutet das?«

»Also, wir werden zusammen ins Konzert gehen, ein Theaterbesuch steht an. Die Weihnachtsmärkte in Annaberg und vielleicht auch in Seiffen sollten wir uns ansehen, zuhause mehr gute Musik hören als sonst, Mutter wird besonders lecker kochen. Ein wenig werden wir auch über einige besondere Tage der Vorweihnachtszeit reden. Ja, und dann habe ich speziell für dich eine Überraschung, nämlich einen erzgebirgischen Adventskalender.«

»Was soll denn das sein, ein erzgebirgischer Adventskalender? Für solchen Kleinkinderkram bin ich doch schon viel zu alt!«

»Warts ab«, war die Antwort, »lass dich ab Morgen überraschen.«

Als der 17-jährige Gymnasiast am Morgen des 1. Dezember seine Augen aufschlug, sah er an der Tür seines Zimmers einen Kalender hängen, der vom Äußeren her als gar nichts Besonderes erschien. Im Kopf stand in großen kunstvollen Lettern:

ERZGEBIRGISCHER ADVENTSKALENDER

Darunter war in kleinerer Schrift die Frage formuliert:

Wissenstest bzw. was haben die Personen und
Fakten mit unserem Erzgebirge zu tun?

Vier Fünftel der Fläche nahm eine Vielzahl von Fensterchen ein, die mit 1 bis 24 nummeriert waren.

Der junge Mann erkannte auf den ersten Blick, dass der Kalender selbst gebastelt war. Der Vater hatte die Schrift, die Zahlen und die Fensterrahmen wohl am Computer gefertigt, alles zusammengeklebt und über Nacht aufgehängt. Neugierig klappte der Gymnasiast das Fenster mit der Nummer 1 auf. Dahinter standen zwei Namen: ADAM RIES und BARBARA UTHMANN.

Jedes Kind weiß doch, was die beiden mit dem Erzgebirge zu tun haben! Die weithin bekannten Personen lebten und wirkten in Annaberg!

Am Frühstückstisch blickte der Vater erwartungsvoll auf den Sohn: »Na und?«

»Annaberg, 16. Jahrhundert, Rechenmeister und Klöppelfrau. Ist doch klar«, nuschelte Bernd, ohne den Kalender bzw. die Kalenderidee näher zu kommentieren. Ihn drängte es, sich in das Lesen des Sportteils der Tageszeitung zu vertiefen.

Der Barbara-Uthmann-Brunnen in Annaberg-Buchholz.

»Moment noch«, sagte das unumstrittene Familienoberhaupt, »wir wollen erst noch darüber reden, was die Adventszeit ist!« Und als der Sohn ein wenig genervt aufblickte, fuhr der Vater fort: »Wir, das heißt ich, mach's ganz kurz.«

Er erzählte dann, dass nicht nur der Weihnachts-
festkreis, sondern auch das Kirchenjahr mit der Adventszeit, mit den letzten vier Sonntagen vor Weihnachten beginnt. Mancherlei Symbolik gäbe es in
diesen Wochen – darüber würden sie während der
nächsten Tage noch miteinander plaudern – aber
natürlich ginge es in der gegenwärtigen Zeit den
Menschen vor allem darum, die Vorfreude auf das
Fest zu steigern.

»Übrigens«, schloss der Vater seine Erläuterun-
gen ab und deutete auf den Adventskranz mit den
Kerzen, »ein solches Gebilde aufzustellen oder auf-
zuhängen, ist keine besonders alte Tradition. Der
Brauch kam um das Jahr 1860 herum auf. Es dauer-
te dann noch bis in die Zeit nach dem ersten Weltkrieg, dass der Adventskranz in größerem Umfang
in die Wohnstuben der Erzgebirgler Einzug hielt.«

Am nächsten Tag, am 2. Dezember, lautete die
Aufschrift hinter dem Fensterchen: TOLERHAN-
STONI. Mein Gott, dachte Bernd, das ist doch auch
kinderleicht. Wie gestern schon die Namen Ries und
Uthmann, weiß doch auch jeder, dass sich dahinter
der Musikus Anton Günther verbirgt. Eines der
ersten Lieder, das sie schon in der Grundschule ge-
lernt hatten, war »O Arzgebirg, wie bist du schie«,
das vom »Tolerhanstoni« gedichtet und komponiert
worden war.

Beim Frühstück gab es zunächst wieder die
väterliche Frage, was der Sohn heute als Antwort
geben könne? Da der junge Mann auch noch von
Anton Günthers Selbstmord weiß und sich sogar an
dessen Todesjahr 1937 erinnert, ist seine Antwort

sehr selbstbewusst. Danach kann er sich aber die Bemerkung nicht verkneifen, dass der Kalender doch für ihn viel zu leicht ist.

Er solle abwarten, es werde von Tag zu Tag schwieriger, antwortete der Vater. Er möge sich vorsorglich schon mal das große Lexikon zum Nachschlagen bereitlegen.

Vom 3. bis zum 5. Dezember zeigten sich in den Fensterchen Begriffe und Namen, die der Gymnasiast dem Erzgebirge zuordnen konnte, ohne nach dem Lexikon greifen zu müssen:

SCHELLENBERG. Klar, dass es sich dabei um die heutige Stadt Augustusburg handelte. Bernd wusste sogar, wann Schellenberg in Augustusburg umbenannt wurde – im Jahr 1899. SÄCHSISCHER MARMOR. Darüber hatte erst unlängst der Chemielehrer des Gymnasiums mit den Schülern gesprochen. Im Städtchen Zöblitz gibt es einen Serpentinsteinbruch. Aus dem weltweit geschätzten Rohstoff Serpentinstein werden die vielfältigsten Kunstwerke gefertigt. Darunter sind manche Gegenstände, die es auch aus Porzellan gibt; auch deshalb wird der Stein als sächsischer Marmor bezeichnet.

MARKGRAF OTTO VON MEISSEN war ein Name, der mit der entsprechenden Denkmalfigur auf dem Freiberger Marktplatz verbunden ist. Als historisch interessierter Schüler wusste Bernd auch, dass der sächsische Herrscher aus dem Geschlecht der Wettiner den Beinamen »Otto der Reiche« erhielt – der Abbau der üppigen Erzvorkommen in der Freiberger Gegend hatte den Landesherrn tatsächlich sehr reich gemacht.

Bildnis Markgraf Otto von Meißen.

Der Begriff GEYER-BINGE, der im Fenster des Nikolaustages auftauchte, machte Bernd zunächst etwas stutzig. Dann kam er aber doch dahinter, dass damit die riesige Einbruchstelle über einer ehemaligen Bergbaugrube in Geyer gemeint ist, die man im Erzgebirge als Pinge bezeichnet. Sein Vater belehrte ihn freilich, dass sowohl die Schreibweise »mit einem weichen B« als auch »mit einem harten P« laut Duden möglich ist. Als sie am gemeinsamen Abendbrottisch über diese Merkwürdigkeit und die Bergleute plauderten, kam der Vater nochmals auf den sächsischen Marmor bzw. den 4. Dezember zurück.

»Weißt du auch, dass der 4. Dezember in der Symbolik des Christentums ein besonderer Tag ist?« Und dann zeigte er auf eine Vase mit Kirschzweigen, die im Fenster stand.

Bernd zuckte die Schultern und sah Vater Günter fragend an.

»Heute ist der Tag der Heiligen Barbara. Man sagt, die junge Frau hätte einen heidnischen Vater gehabt, der ihr die Teilnahme am christlichen Gottesdienst verwehrt habe. Sie sei aber so gottesfürchtig gewesen, dass ihre Gebete jene Mauern einstürzen ließen, die sie vom Besuch des Gottesdienstes abhalten sollten. Vor Zorn soll sie auf Geheiß ihres Vaters im Jahr 306 nach Christi Geburt enthauptet worden sein. Barbara gilt übrigens als die Schutzheilige der Bergleute, Feuerwehrmänner und auch der Bauleute.«

»Ja, und was hat das mit den Zweigen und der Vase zu tun?«, fragte Bernd.

»Das sind die Barbarazweige, die man am 4. Dezember in die warme Wohnung holt. Wenn man sie dann in ein Behältnis mit Wasser stellt, blühen sie meist bis Weihnachten auf. Mutter holt dafür immer Kirschzweige aus dem Garten, aber es geht auch mit Forsythie oder Flieder.«

Jetzt wolle er aber noch einiges zum Thema Nikolaus sagen. Mit dieser Bemerkung wurde Bernd zwar wieder einmal vom Zeitungslesen abgehalten, aber inzwischen freute er sich auch darauf, in den »Adventszeitgesprächen« mit Vater Günter Interessantes zu erfahren.

»Also«, begann der Vater, »Nikolaus ist der Name eines mildtätigen Bischofs, der am 6. Dezember 343 nach Christi Geburt gestorben sein soll. Die Einwohner der heute in der Türkei liegenden Stadt Myra hat er angeblich vor dem Verhungern gerettet. Schon bald nach seinem Tod verehrten ihn die Gläubigen in seiner Region als Heiligen. Ungefähr ab dem 10. Jahrhundert kursieren die Geschichten vom mildtätigen Nikolaus auch im erzgebirgischen Raum und es entwickelte sich der Brauch, in der Nacht zu seinem Geburtstag die braven Kinder zu besuchen und zu belohnen. Bis etwa zum 16. Jahrhundert gab es noch nicht das Christkind oder den Weihnachtsmann als Gabenbringer, sondern lediglich den spendablen Nikolaus in der Nacht zum 6. Dezember.«

Am Morgen des 7. Dezember musste der junge Mann erstmals beim Vater nachfragen und dann die Literatur bemühen. Mit dem Begriff GEYER-SAGE konnte er nicht so recht etwas anfangen. Das wäre eine besondere Art von Wissenstest, der sich später wiederholen werde, antwortete Günter. Gemeint sei, welche Sage sich mit der Gründung von Geyer verbinde.

Das Lexikon und auch andere im Haus vorhandene Bücher gaben darauf keine Antwort. Erstmals sah sich Bernd genötigt, sich bei seinen Mitschülern umzuhören. Einer wusste Bescheid und erzählte:

»In Tannenberg gab es einst ein prächtiges Rittergut mit viel Federvieh. Eines Tages soll der Hühnerhof von Geiern, die auf dem Geyersberg nisteten, geplündert worden sein. Darüber geriet der Besitzer des Gutes so sehr in Zorn, dass er sich spontan aufmachte, die räuberischen Vögel zu jagen. Am Geyersberg hielt er an, band sein Pferd an einen Baum und ging dann auf die Pirsch nach den Vögeln. Erfolglos und deshalb niedergeschlagen kam er von der Jagd zurück. Doch als er sein Pferd wieder losbinden wollte, machte er eine freudige Entdeckung: Sein Gaul hatte mit seinen Hufen wertvolles Zinnerz frei gescharrt. Der Mann beschloss, fortan hier zu schürfen und nannte die Schürfstelle Geyer«.

ERZGEBIRGISCHES PFAHLMOOR. Nach dem Wissen darüber war hinter dem Kalendertürchen zum 8. Dezember gefragt. Irgendwann war zwar im Biologieunterricht der Begriff schon einmal gefallen, doch Bernd konnte sich an keinerlei Details erinnern. Noch vor dem Frühstück schlug er wie am Tag zuvor in den Büchern nach und freute sich, diesmal erfolgreich zu sein. Er las: »Zwischen Rittersgrün und dem höchstgelegenen deutschen Ort Oberwiesenthal liegt Tellerhäuser. Die Hütten und Gehöfte schmiegen sich idyllisch an die steilen Berghänge. Schon in alter Zeit wurde hier in der Bleizeche Wiesenthal das Bleicherz (genannt Galenit oder Bleiglanz) abgebaut und geschmolzen. Eine Besonderheit des Ortes ist das 19 Hektar große und in tausend Meter Höhe gelegene Naturschutzgebiet >Pfahlmoor< mit zahlreichen vom Aussterben bedrohten Pflanzenarten.«

Am 9. Dezember erschien der Name HIERONYMUS LOTTER. Auch diesmal musste Bernd nachschlagen; im Lexikon wurde er fündig. Anno 1567 war der gelernte Kaufmann Lotter Bürgermeister von Leipzig. Dort hatte er eine so rege und überzeugende Bautätigkeit entwickelt, dass er zu hohen Ansehen gelangte. Der gute Ruf veranlasste den sächsischen Kurfürsten August dazu, Lotter mit dem Bau eines Schlosses auf dem Schellenberg zu beauftragen. Lotter, der aus Nürnberg stammte und über ein Amt in Annaberg nach Leipzig gekommen war, nahm den Auftrag an. Im Mai 1568 wurde der Grundstein für das neue Bauwerk – die Augustusburg – gelegt. Nach vierjähriger Tätigkeit gab es zwischen dem Baumeister und dem Bauherrn Querelen; Kurfürst August entließ Lotter und setzte dafür Graf Rochus von Lynar ein. Die Hauptarbeit war bis dahin allerdings geleistet, so dass Lotter mit Recht als Erbauer der Augustusburg genannt wird.

Gedenkmünze auf Hieronymus Lotter 1544.

Tags darauf stand im Kalender: HERKUNFT NAMEN EIBENSTOCK? Dem Gymnasiasten war nach dem Stichwort »Geyer-Sage« klar, dass er am Frühstückstisch sein Wissen über das Zustandekommen des Ortsnamens Eibenstock verkünden sollte. Wiederum hatte er nicht die geringste Ahnung. Da es heute mit dem Aufstehen etwas später geworden war, drängte die Zeit, pünktlich zum Frühstück zu erscheinen; Gelegenheit, die Literatur zu konsultieren, bestand also nicht mehr. Und natürlich blickte ihn auch heute der Vater fragend an. Als sein Filius wortlos mit den Achseln zuckte, erzählte der Vater:

»Dort, wo heute in Eibenstock die Kirche steht, soll in grauer Vorzeit eine gewaltige Eibe gestanden haben. Die einfahrenden Bergleute versammelten sich vor Schichtbeginn unter dem Baum zum Beten. Als man das erste Gotteshaus errichtete, musste die Eibe dem Bauwerk weichen. Aus ihrem Stamm wurde der Pfeiler für die Kanzel geschnitzt – und aus diesem Stock aus der Eibe erhielt der Ort seinen Namen.«

Der 11. Dezember bescherte einen Namen, mit dem der junge Mann erstaunlicherweise etwas anfangen konnte: SCHWARZENBERGER EDELWEISS. Im Biologieunterricht hatten sie über botanische Besonderheiten im Erzgebirge gesprochen. Bernd erinnerte sich, dass der Lehrer von einer floristischen Spezialität erzählte, auf die man in jenem Talkessel trifft, der durch Schwarzwasser, Pöhlwasser, Schwarzbach und Oswaldbach gebildet wird und wo die Stadt Schwarzenberg liegt. Hier wachse die Spanische Wucherblume, die ansonsten nur in Spanien vorkommt und durch die Einfuhr von Kork nach Schwarzenberg eingeschleppt wurde. Im Erzgebirge bezeichnet man diese Blume auch als Schwarzenberger Edelweiß.

Dennoch, auch wenn es mit der Auflösung des Namens auf Anhieb, also ohne lexikalische Recherchen geklappt hatte, musste der Bursche seinem Vater Recht geben – der Kalender wurde wie angekündigt wirklich immer schwieriger. Fünf Tage lang tauchten Fragen und Begriffe auf, die der junge Mann nicht erläutern konnte.

12. Dezember: OBERWIESENTHAL-SAGE. Während einer Reise durch das Erzgebirge habe der sächsische Kurfürst Johann Georg II. in einer Schenke Rast gemacht. Beim Blick durch das Fenster hätte er ausgerufen: »Du wunderbares Wiesenthal! Draußen liegt der Fichtelberg voller Schnee, und hier im Tal reifen die schönsten Sommerfrüchte.« Fortan soll der Ort Wiesenthal genannt worden sein. Um sich von Unterwiesenthal zu unterscheiden, entstand später der Name – weil oberhalb gelegen – Oberwiesenthal. 1921 wurden beide Orte vereint.

13. Dezember: SCHRECKENBERGER. Bernd hatte diesen Begriff zwar schon gehört, wusste ihn aber nicht richtig zu erläutern. Seine Vermutung, damit meine man Leute, die am Schreckenberg wohnen, bestätigte Vater Günter nicht. »Nein, dahinter verbirgt sich die volkstümliche Bezeichnung für jene Groschen, die im 16. Jahrhundert am Schreckenberg in Annaberg geprägt worden sind.«

14. Dezember: GOLDKÄMMERCHEN. Dieser Begriff – ausgewiesen auf einer Gedenktafel auf dem Bärenstein – verbindet sich mit der Sage von einer blauen Blume, mit der einstmals ein Bergmann oben auf dem Berg einen Felsen berührt habe. Der öffnete sich und ein kleines graues Männchen wies in das Innere der Felsspalte, wo blankes Silbererz funkelte. Ein anderer, dem das gleiche Erlebnis widerfuhr, plauderte darüber in der Schenke. Fortan war der Berg für immer verschlossen. Die Stelle aber blieb bis heute zerklüftet; der Volksmund gab ihr den Namen Goldkämmerchen.

15. Dezember: Hinter dem Fensterchen stand die Frage BEDEUTENDSTER MITTELALTERLICHER ALTAR? Selbst die Bernd zur Verfügung stehenden kunstgeschichtlichen Werke führten nicht ins Erzgebirge. Vater Günter klärte überzeugend auf: In der Wehrkirche zu Ehrenfriedersdorf befände sich ein prachtvoller Schnitzaltar des niedersächsischen Meisters Hans Witten von 1509. Experten würden das Kunstwerk nicht nur als den bedeutendsten mittelalterlichen Altar des Erzgebirges ansehen, sondern sogar ganz Sachsens.

Die Wissensfrage am Tag darauf ließ Bernd völlig resignieren. Das Stichwort lautete: BERÜHMTESTER RIESSOHN? Beim Frühstücksgespräch gab der Vater zu, dass er die entsprechende Information zufällig in einem Werk über Adam Ries entdeckt habe und auch meine, das sei eine besonders schwierige Frage. Acht Kinder wären in der Familie des Rechenmeisters aufgewachsen, der berühmteste

Sohn habe Abraham geheißen. Studiert hätte der 1533 Geborene in Leipzig. Nach dem Tod seines Vaters trat er dessen berufliches Erbe an. In Anerkennung seiner Verdienste erhielt er, wie einstmals Adam, den Titel eines Churfürstlichen Sächsischen Mathematicus verliehen.

Der 17. und 18. Dezember bescherten dem Gymnasiasten Erfolgserlebnisse. GOETHE IM ERZGEBIRGE stand im Fensterchen geschrieben. Irgend woher wusste Bernd, dass der Dichterfürst sich in Zinnwald aufgehalten hatte (und zwar 1813), um hier Studien zum Erzbergbau zu betreiben. Mit dieser sicheren Aussage gab sich der Vater schon zufrieden.

Am Tag darauf war der Begriff ZWANZIGERGEMEINDE zu lesen. Da konnte Bernd mit seinen guten Geschichtskenntnissen glänzen. In der Gegend um Grünhain ist im 13. Jahrhundert ein Kloster errichtet worden. Von dem Kloster erwarben zwanzig Bürger ein Stück Land und versuchten dann, den Besitz kollektiv landwirtschaftlich zu nutzen. »Eine Art Vorläufer der LPGs zu DDR-Zeiten«, kommentierte der Vater und war danach überrascht, dass er dem Sohn erklären musste, was mit LPG gemeint ist.

EPITAPH IN LAUENSTEIN stand am 19. Dezember hinter dem Türchen. Verflixt noch mal, was war doch gleich ein Epithaph, fragte sich der Gymnasiast. Da er unabhängig davon auch keinen Zusammenhang mit dem Ort an der Müglitz wuss-

70

te, beschloss er, beim Frühstücksgespräch komplett zu passen und sich vom Vater die Erklärungen liefern zu lassen. »Nun ja«, sagte dieser, »dass ein Epitaph ein alter Grabstein mit Inschrift oder sogar einem Relief ist, müsstest du eigentlich wissen. Als ich den Kalender vorbereitete, bin ich auf das besondere Highlight in Lauenstein gestoßen. Dort steht in der Kirche ein sage und schreibe neun Meter hoher Epitaph, der den Adligen Günter von Bünau, seine beiden Frauen und seine elf Kinder zeigt. Auch Edelsteine finden sich auf dem Monument. Und schließlich habe ich mir notiert, dass das Ganze 1611 aus Pirnaer Sandstein gefertigt worden ist.«

Bernd war beeindruckt: »Vielleicht können wir zwischen Weihnachten und Neujahr mal eine Tour nach Lauenstein machen, uns die Kirche mit dem Epitaph ansehen und – wenn möglich – das Schloss besichtigen«.

Am 20. Dezember konnte Bernd wieder einmal einen Volltreffer für sich verbuchen. SYMMETRISCHE STADTANLAGE MARIENBERG war die Wissensfrage. Über die Anlage der Stadt Marienberg hatten sie erst unlängst im Gymnasium gesprochen. So konnte er mit seinen Kenntnissen brillieren. Der sächsische Herzog Heinrich der Fromme hatte sich nach den reichen Silberfunden entschlossen, in der Gegend eine Stadt zu gründen. Die entsprechende Urkunde stammt vom April 1521. Mit der Planung der Ansiedlung beauftragte der Herzog den Freiberger Bürgermeister, Arzt und Mathematiker Ulrich Rühlein von Calw, der sich etwa zwei Jahrzehnte zuvor mit der Planung der Stadt Annaberg einen guten Namen gemacht hatte. Rühlein betonte in seinem Entwurf die symmetrische Anlage der neuen Stadt, der Heinrich der Fromme den Namen der heiligen Mutter Maria gab.

Herzog Heinrich der Fromme.

Was ist THUMIT? Diesen am 21. Dezember auftauchenden Begriff hatte Bernd bisher noch nie gehört. Er schlug im Lexikon nach, aber er fand dieses Stichwort nicht. Allerdings gab es das Wort »Thumerstein« und den Verweis auf »Axinit«. Hier erfuhr er dann, dass so ein Mineral heißt, das unter anderem im erzgebirgischen Ort Thum vorkommt. Stolz präsentierte er dem Vater seine auf Umwegen erzielte Entdeckung. Der wusste zu berichten, dass das violette und durchscheinende Mineral im Mittelalter zuerst in Thum gefunden wurde und deshalb von Kennern auch als Thumit bezeichnet wird.

Inzwischen staunte der Sohn schon längst, was sein alter Herr alles an spezifischen Informationen für den ganz persönlichen Adventskalender zum Erzgebirge aufgestöbert hatte. Es mache Spaß, auf diese Art sein Wissen zu erweitern, gestand er nun dem Vater. »Schade, dass es nun bloß noch drei Fensterchen gibt!«

SCHNIEBER? Bernd hatte am 22. Dezember schon Weihnachtsferien und damit hinreichend Zeit, ausgiebig nach der Bedeutung dieses Begriffes in der Literatur zu suchen. Im Lexikon fand sich das Wort nicht und auch ein geologisches Spezialwerk lieferte keine Informationen. Vielleicht kann das Internet weiterhelfen? Nachdem der Gymnasiast »Schnieber« als Suchbegriff eingegeben hatte, listete die Suchmaschine nahezu 6.000 Beiträge auf, in denen das Wort eine Rolle spielte. Fast immer ging es dabei um Personennamen. Das alles durchzusehen, würde weit über die Frühstückszeit hinausgehen; man müsste das Suchen eingrenzen können.

Schnieber – könnte das etwas mit Schneeberg zu tun haben? Tatsächlich, als Bernd auch noch dieses Stichwort eingab, wurden Beiträge ausgewiesen, die ihm das erforderliche Wissen lieferten. Hinter dem Begriff verbergen sich im 15. Jahrhundert in Schneeberg geprägte Silbergroschen!

Das vorletzte Fensterchen des Adventskalenders zeigt IRMINFRID an. Weder die Bernd zur Verfügung stehende Literatur noch das Internet helfen weiter. Der Gymnasiast ist gespannt, was der Vater dazu zu erzählen hat:

»Es geht um die Herkunft des Namens Ehrenfriedersdorf. Der gegen Ende des 12. Jahrhunderts entstandene Ort soll seinen Namen mit hoher Wahrscheinlichkeit von dem Personennamen Irminfrid haben. Das könnte der erste Ansiedler bzw. der Anführer der damaligen Siedler gewesen sein. Nach diesem Mann ist möglicherweise >Irminfridsdorf<, dann >Ernfridesdorf< und schließlich die heutige Bezeichnung entstanden.«

Am Morgen des Weihnachtsabends wird der Sohn von der durch die Wohnung flutenden Musik geweckt. Klar, das ist Bach, der Eingangschor aus der ersten Kantate des Weihnachtsoratoriums, stellt der musikbegeisterte Gymnasiast fest. Er schmunzelt, als hinter dem Fenster zum 24. Dezember JOHANN SEBASTIAN BACH auftaucht. Auch wenn der große Komponist von den Sachsen, insbesondere von den Leipzigern, reklamiert wird, ist er eigentlich doch ein Thüringer: In Eisenach geboren, erster Musikunterricht in Ohrdruf, Organist in

Arnstadt und Weimar – der Vater wird doch wohl nicht allen Ernstes fragen wollen, ob Bach etwas mit dem Erzgebirge zu tun hat?

Nein, das macht er natürlich nicht. Er gibt seinem Sohn eine Kassette mit dem Weihnachtsoratorium: »Du hast mehr gewusst als ich dachte; gern gebe ich dir schon vor der Bescherung am Abend dieses Geschenk!«

»Danke, Vater, für die Idee mit dem Kalender. Eine Bitte habe ich nochmals: Die Sache war so spannend, dass ich mir die Fortsetzung im nächsten Dezember wünsche!«

»Gern. Und soll ich dir, wenn wir nach dem Frühstück den Weihnachtsbaum schmücken, noch ein wenig davon erzählen?«

»Nee, Vater«, antwortet Bernd. »Ehrlich gesagt, kann ich nicht mitmachen. Ich muss dann gleich los, um noch Weihnachtsgeschenke einzukaufen. Erzähl doch gleich!«

»Also, dann hebe ich mir das für den Abend auf. Nach der Bescherung berichte ich Mutter und dir etwas ausführlicher, was ich vom Weihnachtsbaum weiß und ob der geschmückte Baum – historisch gesehen – auch etwas mit uns Erzgebirglern zu tun hat.«

»Der Christbaum hat eine lange Entwicklungsgeschichte«, begann am Heiligen Abend Günter B. seinen Bericht. »Wann genau es damit begann, lässt sich mit Sicherheit nicht sagen. Schon die alten Römer haben um die Zeit des Jahreswechsels Lorbeerzweige in ihren Häusern aufgestellt. Wohl auch, weil immergrüne Pflanzen Lebenskraft verkünden, die man sich damit in den Wohnbereich holte. Während des Mittelalters wurden in Kirchen Paradiesspiele aufgeführt. Dabei behängte man einen Paradiesbaum mit Äpfeln und erinnerte damit an den Sündenfall im Paradies. Äpfel gehörten dann auch zum Schmuck der ersten Weihnachtsbäume.«

Der Vater goss sich einen Tee ein und setzte dann fort:

»Aus einem Nachschlagewerk habe ich erfahren, dass der Christbaum erstmals im Jahre 1419 urkundlich ist, und zwar in einer Akte der Freiburger Bäckerzunft. 1539 – also erst 120 Jahre später – gibt es die nächste Erwähnung: Im Münster zu Straßburg wurde ein Weihnachtsbaum aufgestellt.

Ab dem 18. Jahrhundert fließen dann die Nachrichten von Weihnachtsbäumen immer häufiger, auch in literarischen Werken. Zum Beispiel berichtet Goethe 1774 in den >Leiden des jungen Werther< von einem aufgeputzten Baum mit Wachslichtern, Zuckerwerk und Äpfeln. Zu Goethes Zeit waren übrigens die Tannenbäume in Mitteleuropa und auch bei uns im Erzgebirge noch selten. Eigentlich konnten sich nur Reiche einen solchen Baum zu Weihnachten leisten. Das änderte sich erst ab der zweiten Hälfte des 19. Jahrhunderts, als man vermehrt Tannen- und Fichtenwälder anlegte. In den mehr katholischen Gegenden war der Weihnachtsbaum noch lange Zeit verpönt; man stellte mehr die Krippen als weihnachtliches Symbol auf. Das änderte sich erst deutlich gegen Ende des 19. Jahrhunderts.

Ja, das war es, was ich euch erzählen wollte.«

»Moment, Vater! Hat also der Weihnachtsbaum gar nichts mit dem Erzgebirge zu tun?«, fragte Bernd. »Haben wir Erzgebirgler wenigstens das Lametta erfunden?«

»Ach ja – das hätte ich fast vergessen! Was wäre ein Tannenbaum ohne Schmuck, ohne Christbaumschmuck? Das Lametta haben wir Erzgebirgler leider nicht entdeckt. Es stammt aus Bayern, aus Nürnberg, um genau zu sein. Auch dass man den Baum mit wunderbaren Gebilden aus Glas versehen kann, verdankt die Welt nicht uns, sondern vor allem den uns benachbarten Thüringern. Der Hintergrund ist folgender:

Johann Christian Simon Carl – von den Thüringern liebevoll >Alts Vetterle< genannt – erfand um 1848 den Glasbläsertisch mit der die Hitze spendenden >Lampe< und einem Blasebalg, der mit dem Fuß bedient wurde. Die bis dahin von der Öllampe erzeugte Temperatur ließ nur die Herstellung recht kleiner und dazu dickwandiger Kugeln zu, die seit ungefähr 1830 produziert wurden. Mit dem Blasebalg des Alts Vetterle konnten höhere Temperaturen erreicht werden, so dass größere und dünnwandigere Kugeln gefertigt werden konnten. Zum Innbegriff des Christbaumschmucks entwickelte sich Lauscha mit der Errichtung einer Gasanstalt im Jahr 1867, weil nun recht elegant wesentlich größere Hitze als bisher erzielt werden konnte. Damit war ein grundlegendes technisches Problem gelöst. Nun musste noch der entscheidende wirtschaftliche Durchbruch kommen. Der stellte sich ein, als mancherlei neumodisches Zeug aus den Lauschaer Glasbläserwerkstätten von den Amerikanern geordert wurde – neben den Weihnachtskugeln gingen gläserne Äpfel, Zitronen, Karotten, Pilze usw. von Thüringen aus hinaus in die >neue Welt<. Aber natürlich fand der Baumschmuck auch in Deutschland stetig zunehmend großen Gefallen. Der preußische König Wilhelm I. kümmerte sich persönlich um die Einführung der Lauschaer Erzeugnisse an seinem Hof. Weihnachten 1871 – während des Krieges zwischen Deutschland und Frankreich – ordnete er sogar an, in allen Lazaretten und Feldunterkünften Fichten aufzustellen, die mit Christbaumschmuck aus Lauscha zu versehen sind«

»Nun ja«, resümiert Bernd: »Die Welt hat soviel dem Erzgebirge zu verdanken, dass wir damit leben können, nicht auch noch beim Weihnachtsbaum die Hände mit im Spiel gehabt zu haben!«

Quellenverzeichnis

Hempel, Gunter u. Irene: Wahre Geschichten um Sachsens berühmte Musiker. – Taucha: Tauchaer Verlag 2006

Mehnert, Joachim: Der lüsterne sächsische Mönch auf Burg Schlettau. – Taucha: Tauchaer Verlag 2001

Ders.: Wahre Geschichten um Adam Ries. – Taucha, Tauchaer Verlag 2003

Ders.: Barbara Uthmann. Eine ungewöhnliche Frau. – Taucha: Tauchaer Verlag 2005

Rössing, Roger: Wir wirklich tollen Sachsen. – Taucha: Tauchaer Verlag 2004

Vetterlein, Uwe: Die Städte Sachsens. Geschichte und Geschichten um die Städtenamen. – Taucha: Tauchaer Verlag 2000

Bildnachweis

Alle Vorlagen stammen aus dem Verlagsarchiv.